바른말 쟁이들

조선 백성을 사랑한

조선 백성을 사랑한
바른말쟁이들

2018년 10월 15일 1판 1쇄 발행
2024년 2월 22일 1판 3쇄 발행

글	하루
그림	심수근

펴낸이	박인수
펴낸곳	주니어단디
주소	경기도 파주시 법흥리 유승앙브와즈 201. 106
영업	장재혁

등록	제 406-2016-000041호(2016.3.21.)
전화	031-941-2480
팩스	031-905-9787
이메일	dandibook@hanmail.net
홈페이지	dandibook.com

ISBN	979-11-89366-02-5 74810
	979-11-958144-4-2 74810 (세트)

• 이 책은 저작권법에 따라 보호받는 저작물이므로 무단 전재와 복제를 금합니다.
• 이 책의 일부를 사용하려면 주니어단디의 서면동의를 받아야 합니다.
• 잘못된 책은 구입한 곳에서 바꾸어 드립니다.
• KC마크는 이 제품이 공통안전기준에 적합하였음을 의미합니다.

모델명 | 조선 백성을 사랑한 바른말쟁이들 **제조년월** | 2018. 10. 15. **제조자명** | 주니어단디 **제조국명** | 대한민국
주소 | 경기도 파주시 법흥리 유승앙브와즈 201. 106 **전화번호** | 031-941-2480 **사용연령** | 7세 이상

③ 위인들의 직업은 뭘까?

바른말

조선 백성을
사랑한

쟁이들

하루 지음 · 심수근 그림

주니어 단디

바른말을 하는 용기가 필요해요!

　회장의 뜻대로 반의 규칙을 정하고, 모두가 그 규칙에 따라야 한다면 어떻게 될까요? 그렇게 된다면 회장만 지내기 편한 반이 될지도 몰라요. 한 사람이 규칙을 정하고, 마음대로 반을 이끌지 않기 위해서 학교에서는 회장만 뽑는 게 아니라, 부회장이나 다른 학급 위원들을 뽑기도 하고, 학급회의를 통해 모든 학생의 의견을 듣기도 해요.

　우리나라에서도 대통령 혼자 나라의 일들을 결정할 수 없도록 법을 만드는 기관인 국회, 만들어진 법으로 판결을 내리는 법원을 두어서 서로 견제하며 나랏일을 하도록 만들었어요. 그런데 만약, 대통령 주변에서 일하는 공무원들이 대통령에게 잘못된 정보를 줘서 자신의 이익을 챙기려 한다면 어떻게 될까요? 그렇게 된다면 대통령은 잘못된 판단을 하고, 국민들을 힘들게 할지도 몰라요. 그래서 대통령은 항상 귀를 열고, 여러 사람의 이야기를 들으려고 노력해야 하지요.

　조선 시대에는 대통령보다 힘이 센 왕이 있었어요. 가장 존경을 많이

받는 조선의 왕인 세종대왕은 자신의 의견에 반대하는 목소리에도 귀를 기울였고, 신분이 낮은 백성의 말도 들을 줄 아는 왕이었어요. 덕분에 한쪽으로 치우치지 않고, 조선을 발전시킬 수 있었지요. 물론 연산군처럼 자기 의견에 반대하는 사람들을 모조리 죽이려 했던 왕도 있었어요. 목숨을 지키기 위해 많은 신하들이 입을 닫고, 임금님에게 바른말을 하지 않았어요. 하지만 환관 김처선처럼 자신의 목숨을 버리면서까지 바른말을 했던 신하도 있었답니다.

  이 책에는 목숨을 걸고 바른말을 했던 조선의 공무원 일곱 명의 이야기를 담았어요.

  이 책을 읽고, 잘못된 일에 적극적으로 목소리를 낼 줄 아는 어린이들이 되길 바라요.

목차

1 사관의 위에는 하늘이 있사옵니다!
사관, 민인생 8

2 백성들의 목숨은 외교에 달려 있습니다!
통신사, 이예 32

3 전하, 정신 차리시옵소서!
환관, 김처선 56

4 저를 쓰시려거든 대동법을 시행해 주십시오!
관찰사, 김육 82

5 발해는 우리의 역사입니다!
검서관, 유득공 106

6 청나라의 기술을 배워야 합니다!
검서관, 박제가 132

7 지금 우리 정치는 크게 네 가지 잘못을 하고 있습니다!
사헌부 장령, 최익현 154

사관, 민인생

사관의 위에는 하늘이 있사옵니다!

? ● 출생
사관으로 궁에 들어와 사초 기록하는 일을 맡음

1401
(태종 1년) ● 편전에 들지 말라는 태종에게
'신이 만일 곧게 쓰지 않는다면 위에 하늘이 있습니다'라고 말함

태종의 눈 밖에 나 귀양을 감

1404
(태종 4년) ● 태종이 말에서 떨어진 일을 몰래 기록함

1412
(태종 12년) ● 태종의 말을 병풍 뒤에서 엿들어 비난을 받음

? ● 사망

민인생 선생님의 바른말

전하, 백성은 하늘이옵니다. 그 하늘같은 백성들이 보게 될 것이 바로 역사이옵니다. 그러므로 사관의 손 위에는 하늘이 있습니다. 부디 사초를 기록할 수 있도록 해 주십시오.

1 무서운 왕, 태종

"임금님 얼굴은 꼭 호랑이처럼 생겼다며?"

"임금님 눈에 거슬리면 죽은 목숨이라던데?"

날카롭게 불어오는 겨울바람만큼 태종에 대한 소문은 매서웠습니다. 그도 그럴 것이 태종 이방원은 왕이 되기 위해 세자•이자 이복동생이었던 방석•을 죽이고, 방석을 세자로 세웠던 신하들도 죽였습니다.

그렇게 피로 물든 왕자의 난이 끝나자 이방원은 형인 정종을 왕으로 세

세자 임금의 자리를 이을 아들을 말해요.
방석 의안대군 방석은 태조의 두 번째 부인 신덕왕후 강 씨에게서 태어났어요. 태조의 여덟 번째 아들이자 조선 최초의 세자였지요. 태조의 첫 부인이자 이방원의 어머니인 신의왕후 한 씨에게서 태어난 이복형들을 제치고 가장 어린 그가 세자에 책봉되었어요.

웠습니다. 정종은 왕이 되어서도 계속 이방원의 눈치를 보았습니다. 언젠가 이방원이 자기를 죽이고 왕이 될지도 모르니까요.

이 모습을 보다 못한 정종의 부인 정안왕후*가 말했습니다.

"전하께서는 동생과 눈도 마주치지 못하십니까. 하루빨리 임금의 자리를 동생에게 넘기시고, 마음 편히 지내세요."

"그게 낫겠소."

결국 정종은 왕이 된 지 2년 만에 왕의 자리를 이방원에게 양위*하고 물러났어요.

태종은 왕이 된 후에 더욱 난폭해졌습니다. 더 강한 힘을 갖기 위해 자신의 부인인 왕후의 가족들을 죽이기까지 했지요. 이들의 힘이 세지면 태종의 힘이 약해질 수도 있고, 권력 다툼이 생길 수도 있기 때문에 미리 없애 버린 것입니다.

"흠, 이제 내 힘이 세졌으니 내가 원하는 정치를 해 봐야겠다!"

이제야 태종은 안심한 듯 미소를 지었습니다.

하지만 이렇게 무서운 태종의 뜻에 번번이 막아서는 신하들이 있었습니다.

정안왕후 조선 제2대 왕 정종의 왕비예요. 정종이 세제 방원에게 양위하자 순덕왕태비의 존호를 받았어요.
양위 임금의 자리를 양보하는 것을 말해요.

"전하, 아니 되옵니다."

"통촉하여 주시옵소서."

신하들은 태종의 의견에 고개를 숙이며 안 된다고 말을 했지요.

"내가 무슨 말만 하면 다 아니라고 하는구나! 당장 저자들을…."

벌을 내리려던 태종이 눈을 질끈 감고는 고쳐 말했습니다.

"아니다. 내가 다시 생각해 보도록 하지."

무서운 태종의 말에 반대하고도 당당했던 이들은 '대간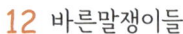'이라 불리는 신하들이었어요.

"끄응, 대간들 때문에 내 마음대로 할 수 있는 게 없네."

태종은 자신의 말에 토를 달거나 반대하는 대간들 때문에 답답할 때가 많았습니다.

"전하, 그래도 대간들이 없으면 다른 관리들의 행실도 감독할 수 없으니, 대간들은 꼭 필요하옵니다."

태종 옆에 있던 상선내시가 말했습니다. 상선내시의 말처럼 대간들은 왕과 함께 관직에 있는 모든 사람을 감시했습니다. 때문에 관직에 있는 사람들은 스스로 조심해야 했지요.

"그러게 말이네. 대간들의 바른말 때문에 답답하지만, 그들의 바른말이 있어야 관리들의 힘이 약해지고 내 힘이 더 세지니, 저들의 말은 좀 참아야지."

"잘 생각하셨사옵니다. 전하."

"그런데 내 눈에 거슬리는 것이 또 있네."

태종이 상선의 귀에만 들리게 작은 소리로 말했습니다. 그러고도 불안한지 주위를 연신 돌아보았지요.

대간 조선 시대에 감찰 임무를 맡은 대관과 국왕에 대한 간쟁 임무를 맡은 간관을 합해 불렀던 말이에요.

2 사관이 모르게 하라

　태종은 사냥을 무척 좋아했습니다. 대간들의 눈치 보지 않고 사냥 갈 방법을 생각하는 날도 많았지요.
　"오늘은 꼭 사냥을 하러 나가야겠소!"
　드넓은 평야를 달리며 자란 태종은 궁이 답답해 죽을 지경이었습니다. 태종은 얼른 짐을 꾸려 궁을 나섰습니다. 신하도 몇몇만 데리고 매사냥을 떠났지요. 오늘따라 대간들도 별말을 하지 않았습니다.
　태종은 오랜만에 하는 사냥에 시간 가는 줄도 몰랐습니다.
　"아, 이제야 살 것 같구나."
　태종은 눈을 돌려 싱그러운 나무와 풀을 보았습니다. 그때 풀숲에 있던 한 신하가 태종의 눈에 띄었습니다.
　"저자는 사냥터에 와서 무엇을 하고 있는 것인가?"

태종이 가리킨 곳에 한 관리가 붓과 종이뭉치를 들고 있었습니다.

붓을 들고 있던 관리는 얼른 태종 앞에 엎드렸습니다.

"전하, 소신은 춘추관에 속해 있는 사관 민인생이옵니다. 저의 역할은 조선의 역사를 기록하는 일입니다. 그 소임을 다하기 위해 따라왔사옵니다."

"그러한가…"

태종의 얼굴빛이 어두워졌습니다.

'즉위한 지 4개월도 채 되지 않아 나라를 돌보지 않고, 사냥을 했다는 것이 역사에 기록되겠군. 이런.'

태종은 민인생의 손이 두려워 마음속으로만 생각했습니다.

"전하, 사관의 직책은 매우 중하옵니다. 원컨대 더는 묻지 말아 주소서."

태종 옆에 있던 이숙번이 태종 앞에 나와 고개를 숙이며 말했습니다.

"알겠다. 물러가게."

태종은 붉으락푸르락해진 얼굴을 숨기며 말에 올랐습니다.

태종이 자리를 떠나자 조용히 일어난 민인생은 다시 바위를 책상 삼아 글을 썼습니다.

태종이 사냥을 나가시다. 사냥터에서 사관 민인생에게 누구냐 물으시다. 총재 이숙번이 사관이라 답하다.

그 뒤에도 태종은 시도 때도 없이 사냥을 나갔습니다. 사간원 대간들이 여러 번 상소를 올려 임금님을 말렸지만 소용이 없었습니다.

"어허, 사냥을 하지 않으면 답답해서 정사를 볼 수가 없네. 오늘은 노루 사냥을 나갈 것이니 아무도 뭐라 하지 말게."

태종이 대간들의 만류를 뿌리친 채 사냥을 떠났습니다. 하지만 불안한지 주변을 연신 살폈지요.

'오늘은 사관이 따라오지 못했겠지?'

사관이 없는 것을 확인한 태종이 말에 올랐습니다.

"히이잉"

마음이 급했던 태종이 말 엉덩이를 세게 차자, 놀란 말이 펄쩍 뛰어올랐습니다. 고삐를 느슨하게 잡고 있던 태종은 그만 말에서 떨어지고 말았습니다.
　"으악!"
　"앗, 전하!"
　놀란 신하들이 태종의 곁으로 모였습니다.
　"전하, 괜찮으십니까?"
　태종은 욱신거리는 다리를 부여잡고 주위를 둘러보았습니다.

'아, 이 일이 역사에 기록된다면… 후손들이 내가 나랏일은 뒤로하고 노루 사냥을 가서는 말에서 떨어지기까지 했다고 생각하겠지. 두고두고 비웃음거리가 될 게야.'

"여봐라."

태종이 신하들을 가까이로 불렀습니다.

"이 일을 사관이 모르게 하게."

"네, 명 받들겠사옵니다."

신하들이 한목소리로 답했습니다. 그때 나무 뒤에 숨어 왕을 지켜보던 민인생의 손이 움직였습니다.

태종께서 노루 사냥에 나갔다가 말에서 떨어지시다. 이 일을 사관이 모르게 하라고 명하시다.

3 편전에는 들지 말라

어느 날 흥겨운 잔치 소식이 춘추관에까지 들려왔습니다.

"오늘 연청에서 공신들을 위한 잔치가 열린다던데?"

한 사관이 흥분된 목소리로 이야기를 전했습니다.

"그래? 그렇다면 사관이 가서 기록을 해야지!"

사관 홍여강이 자리에서 벌떡 일어나 잔치가 열리는 연청으로 향했습니다.

홍여강이 연청 문을 지나려고 할 때였습니다.

"아니, 사관이 왜 잔치에 오는가. 썩 물러가게."

문을 막아선 사람은 공신 심귀령이었습니다. 심귀령은 태종이 왕이 되

> **공신** 국가나 왕실을 위해 공을 세운 사람에게 주던 칭호예요.

사관, 민인생

기 전부터 함께하던 사람으로 태종이 아끼는 신하였습니다.

"대감, 저는 사관으로 모든 일을 보고, 기록할 의무가 있습…"

"찰싹!"

심귀령은 홍여강이 말을 다 마치기도 전에 그의 뺨을 세게 쳤습니다.

"썩 물러가렷다!"

홍여강은 붉어진 뺨을 쥐고 잔치에서 물러날 수밖에 없었습니다.

다음 날, 홍여강이 속해 있는 춘추관에서 심귀령의 잘못된 행동을 지적하는 글을 써 사헌부에 넘겼습니다. 사관들의 손도 바빴습니다.

사관 홍여강이 잔치가 열리는 연청에 들어가려다 공신 심귀령에게 매를 맞고 쫓겨났다.

사관들은 이 사건을 꼼꼼하게 기록해 역사에 남겼습니다. 바른말을 할 수 없게 만드는 것은 나라를 망치는 일이라 생각했기 때문이었습니다.

4 사관의 위에 하늘이 있습니다!

매까지 맞았지만 홍여강은 물러서지 않았습니다.

'임금님의 일상을 기록해 두면 후에 백성들에게 소중한 기록이 될 거야.'

홍여강은 임금님의 일상을 기록하기 위해 편전˙에도 들어갔습니다.

편전 뜰 앞에는 내시들이 지키고 서 있었습니다.

"사초를 기록하기 위해 왔습니다. 전하께 여쭤봐 주시지요."

내시가 얼른 태종이 있는 편전으로 달려갔습니다. 홍여강은 가지고 간 붓과 종이를 다시 손에 꼭 쥐었습니다.

> **편전** 임금이 업무를 보는 공간으로 하루 중 임금이 가장 많은 시간을 보내는 곳이었습니다. 이곳에서 왕은 문신들과 정사를 보거나 경전 내용으로 이야기했습니다.

얼마 뒤 달려갔던 내시가 돌아왔습니다.

"무어라 하시던 가요?"

홍여강이 반가운 마음으로 물었습니다.

내시는 말없이 고개를 가로 젓고는, 홍여강을 밀어내고 문을 굳게 닫아 버렸습니다.

사관이 떠났다는 말을 들은 태종은 한숨을 쉬며 말했습니다.

"이곳은 내가 편안하게 쉬는 곳이다. 이곳에는 사관들이 오지 못하게 하라. 승지들이 승정원일기를 기록하고 있는데 사관까지 와서 기록할 필요가 있겠는가. 앞으로 사관들은 얼씬도 하지 못하게 하라."

사관들이 적은 사초는 임금도 볼 수 없었습니다. 임금이 힘을 이용해 사초를 바꾸게 되면 역사가 임금의 마음대로 기록되기 때문이었습니다. 때문에 임금이 죽은 뒤에야 사초를 모아 역사서를 만들었습니다. 태종은 자기도 모르는 자신의 기록이 남는 것이 두려워 사관들을 미워했던 것입니다.

한편 홍여강이 쫓겨났다는 소식을 들은 민인생은 화를 냈습니다.

승정원일기 승정원은 왕의 비서 역할을 하던 기관이었습니다. 왕에게 들어온 문서와 왕이 써서 내린 문서들을 주로 기록했지요.

"전하와 신하들이 함께 있는 곳에서는 자연스레 정사가 이루어지건만! 편전에 들어가지 못하면 제대로 된 사초를 남길 수 없다!"

민인생은 왕의 어명에도 불구하고 편전으로 들어섰습니다.

문을 지키던 도승지가 말했습니다.

"어허, 전에 홍여강도 왔다가 주상의 명으로 물러갔네. 어서 돌아가게."

"소인은 전하의 명령을 들은 바 없습니다. 들어가겠습니다."

민인생은 도승지를 밀어내고 편전으로 들어섰습니다.

편전에 들어서자 태종이 무서운 얼굴을 하고는 민인생을 향해 물었습니다.

"사관이 어찌하여 편전에 들어왔는가?"

"전에 전하께서 항상 사관을 옆에 두시겠다고 허락해 주셨기에 들어왔사옵니다."

민인생은 납작 엎드려 답했습니다. 그러나 땅을 바라보고 있는 눈은 여전히 힘을 잃지 않았습니다.

"다시 말하노니 편전에는 들지 마라."

태종의 생각에는 변함이 없었습니다.

"그럼 편전에서 일어나는 경연이나 정사들은 누가 기록한단 말입니까. 전하 통촉하여 주시옵소서."

민인생의 목소리가 높아졌습니다.

"어서 저자를 쫓아내라 앞으로 사관은 정사가 있는 날만 내 눈에 보이도록 하라."

태종은 매달 여섯 번씩 관원들이 임금에게 정사를 아뢰는 날에만 사관들이 기록할 수 있도록 했습니다.

도승지에게 끌려 나가면서도 민인생은 말을 그치지 않았습니다.

"전하, 백성은 하늘이옵니다. 하늘같은 백성들이 보게 될 것이 바로 역사이옵니다. 그러므로 사관의 손 위에는 하늘이 있습니다. 부디 사초를 기록할 수 있도록 해 주십시오."

그의 외침은 전부 역사에 기록되었습니다.

며칠 동안 감옥에 갇혔다 풀려난 민인생은 집에 돌아와서도 제대로 쉴 수 없었습니다.

"하아, 사초를 기록하지 못하고 있구나. 역사에 기록할 수 있는 자료가 이렇게나 없다니."

민인생은 빈 종이를 보며 한숨을 쉬었습니다. 임금님을 뵐 기회가 없으니 사초에 기록할 것이 없었지요.

며칠 뒤, 태종은 관리 몇 명을 편전으로 불렀습니다.

"사관이 없으니 자네들과 이야기 나누기 편하군. 허허."

모처럼 사관 없이 마음껏 이야기할 수 있다 생각하니 태종의 마음이 비 내린 뒤 하늘처럼 상쾌했습니다.

"부스럭"

막 관리들과 말을 시작하려는 찰나, 태종의 귀에 부스럭거리는 소리가 들렸습니다.

"허허, 내가 며칠 사관들 때문에 머리가 지끈거리더니 이제 사관의 종이 넘기는 소리까지 들리는 듯하네. 허허."

태종이 말을 마치기 무섭게 다시 소리가 났습니다.

"부스럭"

태종은 이상한 낌새에 고개를 들어 밖을 보았습니다. 문밖에 누군가의 옷자락이 보였습니다.

"어떤 자가 편전을 엿보고 있는 것이냐!"

내관들이 재빨리 달려가 엿보는 자를 끌어와 태종 앞에 앉혔습니다.

"또 너로구나."

태종 앞에 앉아 있는 사람은 며칠 전 편전에서 쫓겨났던 사관, 민인생이었습니다.

태종이 편전에 들어가지 못하게 하니 몰래 엿보며 임금의 일거수일투족을 기록하려고 했던 것입니다.

"전하, 소인은 전하의 모든 것을 기록하여 후세에 남기고자 하였사옵니다. 사초를 기록하도록 허락하여 주시옵소서."

민인생이 간절한 목소리로 말했습니다. 태종은 잠깐 생각에 잠긴 듯했습니다.

　　"아니 되옵니다. 이 자는 예의에 어긋난 일을 했사옵니다. 언제 또 이렇게 엿볼 줄 모르오니 멀리 귀양을 보내심이 좋을 듯합니다."

　　관리들은 한목소리로 민인생을 귀양 보내야 한다고 주장했습니다. 모든 것을 기록하려는 민인생은 임금뿐 아니라 관리들에게도 눈엣가시였던 것입니다.

　　"흠, 민인생을 당장 귀양 보내 내 눈에 띄지 않게 하라. 그리고 이제부터 사관은 정해진 날에만 궁에 들어올 수 있도록 하라!"

　　태종은 결국 도승지에게 특명을 내려 민인생을 유배 보냈습니다.

　　민인생은 유배를 떠나기 전, 떨리는 손으로 마지막 기록을 남겼습니다.

7월 11일, 임금께서 사관 민인생을 귀양 보내시다.

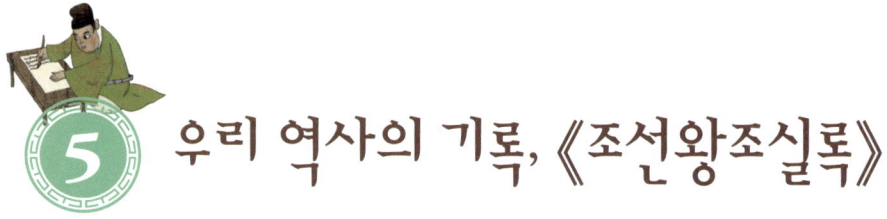

5 우리 역사의 기록, 《조선왕조실록》

　홍여강과 민인생의 저항은 고스란히 후배 사관들에게 전해졌습니다. 그 뒤로도 사관 최사유는 편전의 뜰에 몰래 들어가기도 하고, 상소를 올려 역사를 기록하게 해 달라 청했습니다.

　지금처럼 카메라나 녹음기가 없었기 때문에 역사를 기록할 수 있는 방법은 사관이 듣고, 기록하는 수밖에 없었습니다. 사관들은 당장 기록해 두지 않으면 역사의 한 부분이 사라진다는 것을 잘 알고 있었습니다. 그래서 목숨을 걸고 임금님이 있는 편전에 들어갔던 것입니다.

　몇 년 뒤 사간원 대간들의 끊임없는 요구로 다시 사관들이 편전에 들 수 있게 되었습니다.

　다시 편전에 들어온 사관들은 다시 손을 바삐 움직였습니다.

　"휴, 다시 사관들이 편전에 들어왔구나."

태종은 한숨을 쉬며 어떻게 하면 더 훌륭한 왕으로 역사에 남을 수 있을지 다시 한 번 고민했습니다.

사관들의 노력 덕분에 《조선왕조실록》이라는 역사 기록이 고스란히 남겨졌습니다. 《조선왕조실록》에는 1392년부터 1863년까지 조선 왕조의 역사가 고스란히 담겨 있습니다. 무려 888권이나 되는 분량이지요. 이 기록에는 임금님에 관한 이야기, 군사, 교육, 경제, 산업, 문화, 종교 등 사회에서 일어나는 거의 모든 일들을 기록돼 있습니다.

어떤 직업이에요?

Q 사관은 어떤 직업이에요?

    사관들은 춘추관에 속해 있던 관리예요. 춘추관은 조선의 역사를 기록하고, 그 문서를 보관하는 일을 맡았던 기관이에요. 대한민국 청화대에도 '춘추관'이라는 곳이 있어요. 청와대의 춘추관은 조선 시대의 춘추관처럼 '엄정하고 비판적인 태도로 역사를 기록하라'는 의미로 같은 이름을 지었지요. 청와대 춘추관은 청와대에 출입하는 기자들이 사용하는 사무실로 사용되고 있어요. 대통령의 기자회견도 바로 이곳에서 하지요.

    사관은 직위가 낮은 편에 속했지만 항상 임금의 곁에서 기록을 담당했기 때문에 글을 잘 쓰고, 집안에 흠이 없는 사람으로 골라서 임명했어요. 이렇게 임명된 사관들은 매일 날짜와 날씨, 왕이 있는 곳, 왕에게 보고되거나 명령이 내려진 것 등을 자세하게 기록했어요. 왕의 모든 것이 기록되어 있는 것과 다름없었지만 왕은 이 사초를 읽을 수 없었어요. 매년 마지막 달에 왕에게 몇 권을 기록했는지만 보고했지요. 왕이 내용을 모르게 한 것은 사관이 쓴 글을 마음에 들게 고치거나 지울 수 없게 하기 위함이었어요. 이 사초들은 정리하고 묶어서 왕이 죽었을 때 실록으로 정리해서 보관했지요. 이렇게 한 권 한 권씩 기록해 정리한 조선의 역사는 《조선왕조실록》이라는 위대한 유산으로 남았어요.

    이토록 오랜 세월에 걸쳐 방대하고 진실되게 기록해 놓은 역사 기록은 《조선왕조실록》이 유일합니다. 이것을 인정해 《조선왕조실록》은 유네스코 세계문화유산으로 지정되었지요.

Q 지금도 사관처럼 글로 권력을 견제하는 사람들이 있나요?

인터넷이나 텔레비전, 책 등을 통해 정치 이야기나 사건 등을 들어본 적이 있나요? 정치 이야기나 사회 문제 등의 사실을 우리에게 전하는 것을 '언론'이라고 해요.

언론에서 보도된 내용을 들으면 여론이 형성돼요. 여론은 문제에 대해 대다수의 사람들이 생각하는 의견을 말해요.

만약 어떤 뉴스에서 국회의원이 돈을 받고 특정 회사에게 나라의 중요한 공사를 맡아서 하도록 한 일이 방송되었다고 생각해 보세요. 그럼 그 뉴스를 보고, "저 사람은 국회의원 자격이 없어!" "어떤 국회의원이 비리를 저지르는지 알아내야 해!"라는 여론이 뜨거워지게 되고, 정부에서는 국회의원 비리를 더 강력하게 조사하기 시작할 거예요. 또 비리를 저지르지 않은 국회의원도 '아, 국민들의 눈이 사방에 있구나. 앞으로도 조심해야겠어.'라고 생각하며 스스로 조심할 수 있게 되지요.

하지만 언론이라고 무조건 믿어서는 안 돼요. 국민들은 눈을 크게 뜨고 '언론에서 말하는 게 사실일까?'라고 의심해 보는 것도 필요하지요. 정확하게 알아보지 않고 쓴 기사로 잘못된 여론이 형성되고 죄도 없이 상처받는 사람이 생길 수 있거든요.

조선왕조실록

취재 중인 기자들

2 통신사, 이예

백성들의 목숨은 외교에 달려 있습니다!

1373 (고려, 공민왕 22년) ● 출생

1380 ● 왜구에게 어머니를 잃음

1396 ● 왜구에게 붙잡힌 군수를 구하기 위해 왜구의 배에 올라탐

1401 ~1410 ● 포로로 잡힌 조선인 667명을 15차례에 걸쳐 귀환시킴

1426 ● 세종이 54세의 이예를 일본에 보내며 신과 갓을 하사함

1443 (세종 25년) ● 대마도와 계해약조를 맺어 왜구가 쳐들어오지 못하도록 함

1445 (세종 27년) ● 사망

이예 선생님의 바른말

어릴 때 포로로 끌려가 평생 조선 땅을 그리워하는 사람들이 있사옵니다. 소인이 가서 죽더라도 끌려간 그 사람들에게 조선이 여전히 당신들을 기억하고 있다는 마음을 전하고 오겠습니다.

1 울산 군수를 구하다

"왜구다! 왜구가 나타났다!"

울산 앞바다에 왜구가 탄 해적선이 들어왔습니다. 수십 척이 넘는 왜구의 배에는 3,000명이 넘는 사람들이 타고 있었습니다. 12월 찬바람이 왜구가 타고 온 배를 다시 바다로 끌어갈 듯 불었습니다.

울산 사람들은 짐을 싸서 도망치기 시작했습니다. 울산의 작은 마을은 금세 텅텅 비어 버렸지요. 왜구는 일 년에도 몇 번씩 울산 앞바다에 나타나 사람들을 죽이거나 포로로 끌고 가 버렸습니다. 사람뿐 아니라 가축들을 몽땅 죽이고 집에 불을 지르기도 했습니다. 이 작은 마을에도 가족을 왜구에게 빼앗긴 사람들 천지였지요.

"아전, 자네가 저들에게 가서 왜 왔는지 물어보시오."

우선 왜구가 왜 왔는지 알아야 했기 때문에 울산 군수는 왜구의 배에 사람을 보냈습니다. 아전 한 사람이 벌벌 떨며 왜구의 배에 다가갔습니다. 배에서 몇 사람이 내렸습니다.

"조선에 왜 왔소? 조용히 돌아가면 음식을 대접해 주겠소."

왜구는 이런저런 말을 주고받더니 한 사람이 앞으로 나와 유창한 조선말로 말했습니다.

"저희는 대마도에 사는 사람들입니다. 잠깐 쉴 곳이 필요해 이곳에 배를 댔습니다. 금방 돌아갈 것이니 공격하지 말아 주십시오."

왜구의 말에 울산 군수는 왜구가 조선 땅에 들어오는 것을 허락해 주었습니다. 빨리 돌아가길 바라며 식사도 대접해 주었지요.

하지만 군수의 바람과는 달리 왜구는 순순히 물러날 생각이 없었습니다. 마을을 연신 두리번거리며 음흉하게 웃었지요.

"이제 작전을 좀 짜 볼까?"

밤이 되자, 왜구들이 다시 모였습니다.

그때 한 사람이 방으로 헐레벌떡 뛰어 들어왔습니다.

"큰일입니다. 조선군이 공격할 준비를 하고 있답니다!"

"뭐라고?"

왜구들이 분주해지기 시작했습니다.

"우릴 배불리 먹여놓고 공격하겠다는 속셈이군? 어서 흩어져서 좋아 보이는 물건들은 닥치는 대로 배에 실어라. 그리고 너는 거짓말을 한 울산 군수를 잡아서 배에 타거라."

왜구 우두머리가 명령했습니다. 왜구는 여기저기 흩어져 곡식과 쓸모 있어 보이는 물건들을 마구잡이로 담았습니다. 숨어 있던 사람들도 잡아서 끌고 갔지요. 마을은 순식간에 아수라장이 되었습니다.

"자, 다 실었으면 출발하자!"

마지막으로 울산 군수가 줄에 묶여 배에 타자, 해적 우두머리가 출발 신호를 알렸습니다.

사실 조선군은 왜구를 공격할 생각이 없었습니다. 왜구는 헛소문을 듣고 급히 노략질을 해 배에 탄 것이지요.

배가 슬슬 움직이기 시작했습니다.

울산 군수는 멀어지는 조선 땅을 보며 한숨을 내쉬었습니다.

"하하, 배불리 먹고, 귀한 물건도 잔뜩 훔치고 포로까지 잡았으니 대성공이군."

해적선에 파도 소리와 웃음소리가 뒤섞였습니다.

"쿵쾅쾅"

그때 맨 마지막으로 따라오던 해적의 배에서 큰 소리가 들렸습니다.

"무슨 일인가?"

"배에 숨어 탄 조선인이 있습니다. 계속 울산 군수를 만나게 해 달라고 난동을 부리는데 어떡할까요?"

"제 발로 온 인질이군. 데려와라!"

배에 탄 조선 사람이 끌려왔습니다. 그는 담담한 얼굴로 우두머리를 향해 말했습니다.

"군수님을 만나게 해 주시오. 나는 군수를 모시는 사람이요."

"하하, 넌 내가 겁나지도 않나 보구나. 난 당장 너를 바다 속에 쳐 넣을 수도 있다."

"여기 내가 좋은 은그릇을 가져왔소. 이것을 받고, 우리 군수님을 풀어 주시오."

조선 사람은 은그릇을 내밀며 말했습니다. 두 눈은 한 번도 해적 우두머리에게서 떼지 않았지요.

"하, 포부가 대단하군. 다른 조선 사람들은 다 우릴 보고 숨었는데 말이야. 네 이름이 무엇이냐?"

해적 우두머리가 놀라 물었습니다.

"이예라 하오."

"이예… 그 이름을 기억하도록 하지. 네 말대로 군수는 죽이지 않고 너와 함께 있게 해 주겠다. 그러나 내 배에 탄 이상 둘을 풀어 줄 수는 없다. 함께 대마도로 간다!"

해적 우두머리는 이예와 군수를 놓아주지 않았지만, 이예의 충성심을 보고 군수와 이예 둘 다 죽이지 않았습니다. 배는 어느새 대마도에 도착했습니다.

2 모두 함께 가겠습니다

이예는 군수와 함께 작은 감옥에 갇혔습니다. 얼마 지나자 왜구 우두머리는 이예만 풀어 주었습니다.

"자네는 가둘 필요가 없겠군. 군수가 잡혀 있으니 도망갈 일도 없고 말이야."

사실 왜구 우두머리는 이예의 충성심에 감동해 이예를 자기 부하로 삼고 싶었습니다.

풀려난 이예는 잡혀온 사람들을 돌보느라 시간 가는 줄 몰랐습니다. 감시하는 병사들이 없을 때면 몰래 음식들을 숨겨 와 군수와 사람들의 손에 쥐어주었지요.

"고맙네, 자네가 아니었다면 난 벌써 저들 손에 죽었을 것이네."

군수는 이예의 손을 잡으며 고마운 마음을 전했습니다. 군수를 뵙고 이예는 다시 해안가로 나왔습니다. 이예의 볼에 바닷물만큼이나 짠 눈물이 흘렀습니다.

대마도 해안가에는 하루에도 몇 번씩 배가 왔다 갔다 했습니다. 배는 훔쳐온 물건과 인질들을 내리기도 하고, 또 어디론가 실어가기도 했습니다. 약탈해 온 물건들이 수북이 쌓이는 날도 있고, 허탕을 치고 돌아오는 날도 있었습니다.

멍하니 배를 바라보던 이예는 왜구 우두머리를 찾아갔습니다.

"이예로군. 무슨 일인가?"

왜구 우두머리가 웃으며 이예를 맞았습니다.

"당신들이 살고 있는 대마도는 토지가 비옥하지 않아 농사가 잘 되지 않는 다고 들었소. 그렇기 때문에 자네들이 해적이 되었다는 것도 알게 되었소. 나와 포로들을 돌려보내 준다면 대마도의 사정을 전하고 서로가 가진 것을 나누는 교역을 추진해 보겠소."

"하하, 여전히 자네는 당당하군. 하지만 우리가 가진 것은 사람을 잡고 파는 기술뿐이오. 조선에도 그런 기술이 필요하오?"

왜구 우두머리는 이예의 말을 비꼬아 말했습니다. 그러자 이예가 벌떡 일어났습니다.

"조선이 대마도를 정벌하는 건 어려운 일이 아니오."

이예의 꼭 쥔 주먹이 부들부들 떨려왔습니다.
"뭐라?"
잠시 생각에 잠겼던 왜구 우두머리가 웃으며 말했습니다.
"다른 사람들은 자기 목숨을 살려 달라 애원하는데 자네는 군수의 목숨을 위해 배를 타더니 이번엔 목숨을 걸고 백성들을 살리려 하는군. 좋다. 마침 조선에서 통신사가 왔다하니 지금 잡혀 있는 조선 사람들과 자네 군수를 돌려보내 주겠네. 대신 조선에 가서 내 이야기를 잘 해주게."
"고맙소."

이예는 짧은 인사를 하고는 얼른 밖으로 나와 사람들을 불러 모았습니다. 한 사람이라도 두고 가는 사람이 없도록 여기저기 소리를 지르며 뛰어다녔지요.

"와! 이예 덕분에 살게 되었다!"

사람들은 다시 조선에 돌아갈 수 있다는 사실에 펄쩍펄쩍 뛰었습니다.

이예는 사람들을 한번 휘 둘러보았습니다.

'역시 어머니는 안 계시는군. 그래도 사람들을 구할 수 있어 다행이야.'

통신사 조선 시대 일본의 막부장군에게 보낸 공식적인 외교사절

3 어머니, 어머니

　이예가 여덟 살 되던 해에도 울산에는 왜구들이 심심찮게 나타났습니다. 조선의 물건을 사 가기 위해 오는 왜구들도 있었지만 커다란 배를 타고 와서 순식간에 마을을 초토화시키는 해적들도 많았습니다.

　바람이 많이 불던 날이었습니다. 이예는 여느 날과 다름없이 마을 동무들과 함께 놀았습니다. 동무들을 잘 챙기면서도 잘못한 동무들에게는 따끔하게 바른말을 할 줄 아는 성격 덕분에 동무들은 이예를 형처럼 따랐습니다.

　"애들아, 오늘은 바람이 많이 불어서 부모님들이 일찍 들어오셨을 거야. 얼른 집으로 가자."

　이예의 말에 동무들은 집으로 향했습니다. 바람을 뚫고 집에 가는 길은 멀게만 느껴졌습니다.

"어디 갔다 온 거야! 왜놈들이 잡아 간 줄 알았잖아."

마을 입구에서 개똥이 엄마가 개똥이를 와락 품에 안았습니다.

놀란 이예와 아이들은 각각 집으로 흩어졌습니다.

"이게 뭐야…."

마을에 들어서자 여기저기 다치고 죽은 사람들의 모습이 보였습니다.

'어머니, 어머니… 제발 무사하셔야 합니다.'

이예는 얼른 집에 들어가 부엌문을 열었습니다. 밥 타는 냄새가 부엌에 가득했습니다. 어질러진 집을 샅샅이 뒤지며 어머니를 불렀지만 어머니는 없었습니다.

이예는 집에서 나와 마을을 돌아다니고 또 돌아다녔습니다. 그렇게 사흘 밤낮을 돌아다녔지만 어머니는 찾을 수 없었습니다.

그 뒤로 왜구가 나타났다는 소식을 들으면 얼른 해안가로 나가 어머니를 찾아보았습니다. 언젠가 왜구의 땅에 가서 어머니를 찾겠다는 생각으로 왜구의 말도 배웠습니다. 하지만 어머니는 여전히 이예의 앞에 나타나지 않았습니다.

4 류큐국에 파견된 유일한 사신

　이예와 백성들을 실은 배가 드디어 조선 땅으로 돌아왔습니다.
　왜구를 보고 도망쳤던 다른 아전들은 모두 귀양을 가거나 벌을 받았습니다. 백성들을 지키지 못했다는 이유로 군수도 귀양을 가게 되었습니다. 그러나 충성심을 보여 준 이예에게는 벼슬이 내려졌습니다.
　"자네 덕에 많은 사람이 살았네. 나 또한 자네가 아니었으면 대마도에서 죽었을 거야. 나라를 위해 더 많은 일을 하게."
　군수는 귀양을 가면서 이예에게 감사의 마음을 전했습니다.
　이예는 임금님이 내린 교지를 받으려고 무릎을 꿇었습니다.
　'어머니, 언젠가 어머니를 꼭 찾겠습니다. 또 어머니처럼 억울하게 잡혀간 우리 조선 사람들을 구하겠습니다.'
　이예는 그 뒤로 무관 벼슬을 얻고, 일본 통신사로 가는 길에 항상 앞장

셨습니다.

　통신사로 일본 땅에 가서 해야 할 일 중 이예가 가장 중요하게 생각했던 일은 잡혀 간 조선인 포로를 데리고 오는 일이었습니다. 교토, 대마도, 하카타, 큐슈 등 일본 어느 곳을 가던지 마을 이곳저곳을 돌며 숨겨진 포로들이 없는지 살폈습니다. 그래서 돌아오는 이예의 배에는 언제나 조선 사람들로 가득 찼습니다.

　"자네가 또 백성들을 데려왔군. 잘했네."
　임금이 백성들과 함께 돌아온 이예를 칭찬했습니다.

　"전하, 성은이 망극하옵니다. 이번에 왜에 가보니 조선 백성들이 류큐국●에 많이 팔려갔다 하옵니다. 전하께서 보내 주시면 소신이 가서 백성들을 데리고 오겠습니다."

　이예의 이야기를 들은 호조판서 황희가 말했습니다.
　"전하, 류큐국에 가는 뱃길은 험하다 들었사옵니다. 또한 사람을 보내면 비용도 많이 들 것입니다."
　황희의 말은 틀린 것이 아니었습니다. 류큐국까지 가다 배가 부서져 돌

류큐국 지금 일본의 오키나와를 말해요.

아오지 못한다면 가지 않는 것만 못했습니다. 또한 류큐국에 백성을 데리러가지 않는다면 그 비용으로 조선에 있는 백성들을 도울 수도 있을 것입니다.

"어릴 때 끌려가 평생 조선 땅을 그리워하는 사람들이 있사옵니다. 소인이 류큐국에 가서 죽더라도 끌려간 그 사람들에게 조선이 여전히 당신들을 기억하고 있다고, 그 마음을 전하고 오겠습니다."

이예의 단단한 결심이 목소리에서 그대로 전해졌습니다.

태종은 아주 잠깐 생각하고 입을 열었습니다.

"고향을 그리워하지 않는 이는 없다. 여기 모인 자네들의 가족이 끌려 갔다면 위험한 것과 비용이 드는 것을 따지겠는가. 이예는 류큐국에 가서 고향을 그리워하는 사람들을 데려오라."

임금의 명령이 떨어졌습니다.

이예는 또 다시 배에 올랐습니다. 황희의 말대로 뱃길은 험했고, 류큐국의 사람들은 거칠었습니다. 류큐국에 도착해 몇 번이나 죽을 뻔했지만 이예는 굴하지 않았습니다. 밤낮으로 조선 사람들을 열심히 찾아다녔지요. 노예로 삼은 조선 사람을 놓아주지 않겠다고 우기는 류쿠국 사람들에게 사정을 하기도 하고 협박을 하기도 했습니다.

"저기 이예의 배가 옵니다!"

류큐국에 간 지 반 년 만에 이예의 배가 들어왔습니다.

"고생했네. 얼마나 고생을 했는지 자네 얼굴이 반쪽이 되었네. 류큐국에서 많은 백성들을 데리고 왔다 들었네."

"네 전하, 이번에 44명의 조선 백성들을 데리고 왔습니다. 그 중 한 청년은 14세 때 해적에게 잡혀 류큐국으로 팔려갔다가 21년 만에 조선에 돌아왔습니다. 배에서 부모님을 만날 생각에 한숨도 자지 못했는데 돌아와 보니 이미 부모님은 하늘나라에 가시고 없다 합니다."

"참 안되었구나. 이봐라 그 청년에게 쌀과 콩을 내려 위로해 주도록 하라."

임금의 따듯한 명령이 떨어졌습니다.

"전하, 백성들을 데리고 오는 것도 중요하지만 처음부터 잡혀가지 않도록 하는 것이 중요합니다."

"그러기 위해 통신사를 파견하는 것이 아닌가. 자네가 일본에 다녀오고부터 해적이 부쩍 줄었네. 그것 말고 더 좋은 방법이 있는가?"

5 대마도에 가서 조약을 맺고 오겠습니다

"제가 대마도에 가서 조약을 맺고 오겠습니다."

"조약? 대마도주가 조약을 맺어 주겠소?"

"대마도주에게 조선의 신하국으로 이름을 주고, 연간 200섬의 쌀과 콩을 하사한다면 조약을 맺으려 할 것입니다. 이렇게 해 주는 대신 대마도주는 1년에 50척만 조선에 들어올 수 있게 하는 것입니다. 대마도를 조선의 신하 나라로 삼는다면 스스로 해적들을 잡으며 신하된 도리를 할 것입니다."

"자네 말이 맞네. 그런데 대마도주가 이 조약을 받아들이겠는가?"
"저에게 맡겨 주십시오. 제가 목숨을 걸고 조약을 체결하겠습니다."

이예는 다시 대마도로 떠났습니다. 그리고 끊임없이 대마도주를 설득했습니다.

계해년에 드디어 이 조약이 맺어지고, 계해년에 맺어진 약속이라는 뜻으로 '계해약조'라 불렀습니다.

계해약조를 맺은 후 이예가 죽기 전까지 단 한 차례도 해적이 조선 앞바다에 나타나지 않았습니다.

비록 어머니는 구하지 못했지만, 이예는 어머니를 잃은 슬픈 마음을 잊지 않았습니다. 가족을 잃은 마음, 고향을 그리워하는 마음을 기억하며 일본 이곳저곳 백성들을 찾아다녔지요.

후에 세종은 백발이 성성한 이예를 다시 통신사로 보내며 말했습니다.

"일본에 대해 모르는 사람은 보낼 수 없어서 그대를 명하여 보내는 것이니, 귀찮다 생각하지 말라."

"예, 전하. 제 목숨이 다할 때까지, 조선과 백성들을 위해 가겠습니다."

이예는 기쁜 마음으로 다시 배에 올랐습니다.

이예는 평생 동안 667명의 포로를 구했습니다. 조약을 맺어 해적이 들어오는 것도 막았지요. 이예는 자신의 목숨보다 백성들의 아픔을 먼저 생각했던 외교관이었습니다.

어떤 직업이에요?

Q 역사 속에 유명한 외교관이 또 있나요?

고려 시대에 살았던 '서희'는 우리나라에서 가장 유명한 외교관으로 꼽혀요. 외교가 왜 중요한지를 확실하게 알려준 분이기도 하지요.

고려 성종 때, 지금 중국 땅에는 여러 나라가 있었어요. 고려는 중국의 나라들 중 송나라와 국교를 맺고 친하게 지냈지요. 그런데 점점 세력을 키워가던 거란족이 송나라와 전쟁해 땅을 빼앗을 계획을 세웠어요. 송나라를 치고 싶은 거란족에게 고려는 눈엣가시 같은 존재였어요. 송나라와 거란족이 전쟁할 때 고려가 송나라를 도우면 거란이 지게 될 테니까요. 머리를 굴리던 거란족은 먼저 대군을 이끌고 고려로 쳐들어왔어요. 80만 대군을 이끌고 왔기 때문에 고려 조정에서는 항복하자는 목소리가 높았어요. 하지만 서희는 자기가 먼저 가서 살피고 오겠다고 말했지요.

호랑이 굴로 들어간 서희는 대화를 통해 거란의 목적이 전쟁이 아닌 송나라와 고려

● 강동 6주

의 관계를 끊는 데 있다는 것을 알아차렸어요.

적의 의도를 알아차린 서희는 "고려는 고구려를 계승한 나라인데 당신들이 옛 고구려 땅을 차지하고 있다."라고 얘기했지요.

서희의 단호하고 정확한 말에 거란은 압록강 동쪽 280리 지역을 돌려 주었어요. 고려는 이 지역에 강동 6주를 설치했지요. 외교로 전쟁도 막고, 잃어 버렸던 땅도 되찾을 수 있었던 거예요. 서희는 우리 역사상 가장 뛰어난 외교관으로 평가받고 있답니다.

Q 외교관은 어떤 일을 해요?

외교관은 외국에 파견되어 우리나라의 입장을 전하는 공무원이에요. 각각 파견된 나라에 우리나라를 알리고, 좋은 관계로 발전해 나갈 수 있도록 돕고 있어요. 또 파견된 나라의 정보를 모아 우리 정부에게 전하는 역할도 하지요.

주몽골대사관 청사·관저 건물

우리나라 국민을 보호하는 일도 외교관의 주요업무예요. 해외여행을 갔다가 여권을 잃어 버렸거나 사고를 당하면 외교관이 일하고 있는 대사관으로 연락하면 도움을 받을 수 있어요. 해외에 거주하고 있는 재외국민들도 외교관에서 관리하고 있지요.

점점 해외여행을 하는 사람들과 외국에서 거주하는 사람들이 많아지면서 외교관의 역할도 커지고 있어요.

3. 환관, 김처선
전하, 정신 차리시옵소서!

?	●	출생
?	●	환관으로 입궁함
1455 (단종 3년)	●	정변에 관련되어 영해로 유배를 감
1460 (세조 6년)	●	복직되었으나 세조의 미움을 받아 자주 장형을 받음
1469 (성종 1년)	●	통역과 의술을 알아 성종의 총애를 받음. 품계가 자헌대부에 이름
1494 (연산군 1년)	●	직언을 잘해 연산군에게 미움을 받음
1505 (연산군 11년)	●	연산군의 음란함을 비판했다가 처참하게 죽임을 당함
1751 (영조 27년)	●	고향에 정문이 세워짐

김처선 선생님의 바른말

늙은 이놈이 네 분 임금을 섬겼지만
전하와 같은 짓을 하는 분은 없었습니다.

1 오늘 살아서 돌아오지 못할 것 같소

"나는 다시 궁에 들어가야 할 것 같다."

한겨울의 싸늘하고 어두운 공기가 채 가시기도 전에 김처선이 가족들을 불러놓고 말했습니다.

"아버지, 꼭 가셔야 하나요?"

아버지를 따라 환관이 된 김처선의 아들 이공신이 물었습니다.

"아들아, 고려 의종을 아느냐?"

"네, 훌륭하지 못했던 왕으로 기억하고 있습니다."

"그래, 네 말이 맞다. 의종은 정사를 게을리하고 그저 놀이에만 빠져 있었다. 게다가 백성들의 땅을 마음대로 빼앗아 별궁이나 정자를 짓고, 자신의 별궁을 짓는 백성들에게 음식조차 제대로 주지 않았지. 또 충신들은 만나지 않았고, 아부하는 사람들만 주위에 가득했다. 그 아부하는 사람 중 하나가 바로 환관 정함이었다. 정함은 임금의 가장 가까운 자리에서 귀에 듣기 좋은 소리만 하고, 백성들의 신음소리에는 임금과 함께 귀를 닫았다. 그 결과 환관 중에 가장 높은 자리에 올랐다. 대궐 30보 안에 2,000간의 집과 누각을 짓고 살 정도로 부를 모았지. 이에 대해 너는 어떻게 생각하느냐?"

"지금과 다르지 않은 것 같습니다."

이공신의 입술이 파르르 떨렸습니다. 김처선의 눈에는 눈물이 맺혔습니다.

"그렇다. 지금 조선의 궁에는 의종과 같이 향락에 빠져 있는 왕이 계시다. 그리고 그의 주변에는 정함과 같은 사람들이 득실거린다. 아들아, 우리는 임금님을 가장 가까이에서 모시는 환관이다. 어떤 대신들도 우리만큼 임금님의 곁에 있지 못하지. 그런 우리가 백성들의 울분을 전해야 하지 않겠느냐."

"아버님, 아직 몸이 다 회복되지 않으셨습니다. 그런 건 다른 분들에게 맡기면 안 되옵니까? 조선의 관리들이 많이 있지 않습니까."

김처선이 살아서 돌아오지 못할 것 같다고 말한 것은 두 번째였습니다. 지난 해 10월에도 김처선은 같은 말을 남기고 궁으로 들어갔습니다. 그러고는 궁에서 장 100대를 맞고 실려 나왔습니다. 늙은 김처선이 곤장 100대를 맞고도 산 것은 기적이었습니다. 김처선은 집에서 죽을 고비를

넘기며 한 해를 보내고 이제 막 다시 걸을 수 있게 된 참이었습니다.

"내 목숨이 무엇이 중요하겠느냐. 지금 백성들은 다 굶어 죽어가고 있는데 말이야. ≪고려사절요≫에 보면 '정함과 같은 환관 때문에 난이 일어났다'라고 기록되어 있다. 나는 그런 부끄러운 환관이 되기 싫다."

김처선의 눈빛은 비장했습니다.

김처선이 몸을 일으켜 창호지를 여러 번 덧붙인 작은 문을 열었습니다. 문득 머릿속에 가장 높고, 가장 호화로운 임금의 삶과 초라한 자신의 삶이 비교되었습니다. 임금의 마음을 얻어 세상에서 가장 부유한 여인이 된 장녹수와 구멍 난 옷을 입고 벌벌 떨고 있는 아내의 모습도 겹쳐 보였습니다.

'그래도 할 일은 해야지.'

김처선이 몸을 일으켰습니다. 굽은 허리로 절뚝거리며 궁으로 걸어갔지만, 뒷모습은 듬직하고 당당했습니다.

"아버님이 무사히 살아 돌아오실 수 있을까요?"

궁으로 향하는 김처선의 고집을 꺾을 수 없다는 것을 가족들은 잘 알고 있었습니다.

"글쎄다. 네 아버지의 곧은 마음을 누가 꺾을 수 있겠느냐. 임금님이 이제 그만 네 아버지의 뜻을, 아니 백성들의 뜻을 알아 주었으면 좋겠구나."

김처선 부인의 눈물방울이 꼭 모은 두 손 위로 떨어졌습니다.

2 환관 김처선

김처선은 왕을 보필하는 환관이었습니다. 환관은 다른 말로 내시라고도 합니다. 내시는 궁에서 왕과 왕비, 세자 등의 시중드는 일을 주로 맡아 했습니다.

김처선은 내시 중에서도 가장 높은 상선내시였습니다. 내시는 신분이 높지 않았지만, 임금님의 가까이에서 말을 전할 수 있기 때문에 신하들은 내시들에게 아부를 하기도 했습니다.

"상선, 자네가 임금님의 입 안의 혀처럼 굴면 떨어지는 것이 많을 터인데 왜 자꾸 임금님의 눈 밖에 나려 하는가?"

"임금님이 사랑하는 장녹수 옆에 붙으면 자네 신분이 더 올라가지 않겠나?"

이런 달콤한 말들이 귀에 들어올 때면 김처선은 불같이 화를 냈습니다.

"임금님의 손과 발이 되어 세상을 잘 볼 수 있게 도와드리는 것이 환관의 임무입니다. 백성들의 신음소리가 들리는 곳으로, 백성들의 아픈 곳으로 안내해 가는 것 또한 제 일이지요. 잘못된 이야기를 전할 수는 없습니다."

"쯧쯧쯧, 저렇게 살다가는 임금님의 눈 밖에 날 터인데…."

사람들은 김처선의 뒤에서 혀를 찼지만 김처선은 환관이 되며 배웠던 것들을 늘 마음에 새겼습니다.

환관은 그저 심부름만 하는 사람들이 아니었습니다. 임금과 왕비의 말을 이해해야 했기 때문에 어릴 때부터 글을 읽고 공부를 했습니다. 공부한 것은 내시부에서 시험을 보았지요. 김처선은 책을 읽으며 바른 정치가 무엇인지를 알아갔습니다.

김처선은 단종, 세조, 예종, 성종 그리고 지금의 임금인 연산군까지 모셨습니다. 무려 50년 동안 임금님들의 곁을 지켰습니다. 다섯 명의 임금님을 모시는 동안 성품만큼이나 꼿꼿했던 등도 굽어 버렸습니다. 하지만 임금들을 모셨던 지혜는 여전히 머릿속에 가득했지요.

어느 날은 한 어린 환관이 김처선을 찾아와 물었습니다.

"상선 어르신, 어르신이 모신 임금님들 이야기를 좀 들려주시면 안 되옵니까?"

"어허! 꼬마가 감히 상선 어르신께 여쭙는 것이냐? 썩 꺼지지 못할까?"

옆에 있던 조금 나이가 든 환관이 어린 환관을 꾸짖었습니다. 그러자 김처선은 부드럽게 웃으며 어린 환관에게 말했습니다.

"궁금하냐? 나는 벌써 임금님을 다섯 분이나 모셨다. 여한이 없구나."

김처선이 말을 시작하자 꼬마 환관과 꾸짖었던 환관 모두 김처선의 발 아래 옹기종기 모여앉아 이야기를 들었습니다.

"흠, 나는 단종 임금님부터 모셨단다. 단종 임금님은 아주 잠깐 모셨지. 그 당시에 수양대군이었던 세조 임금님은 단종 임금님의 주변 사람들을 모두 유배 보냈단다. 나도 그때 유배를 가서 노비로 2년 동안 있었지."

"노비로요?"

이야기를 듣던 환관들의 눈이 동그래졌습니다.

"그래, 그때 내가 스무 살 즈음 됐을 거야. 그때도 참 힘들었어. 다시는 환관이 되지 못할 거라 생각했거든."

"그런데 어떻게 다시 궁궐에 들어오게 되신 거예요?"

"관청에 속한 노비로 살다보니 시간이 더디 가더군. 그곳에서 세조 임금님이 새 임금님이 되었다는 소식을 들었지. 귀양지에도 싸리문을 열고 들어오는 바람처럼 소식이 잘도 들어오더구나. 나도 바람처럼 임금님의 곁에 가서 시중을 들고 싶다는 생각을 얼마나 했나 몰라. 이런 내 마음을

> 문종이 일찍 죽고, 단종은 12세에 왕이 되었어요. 당시에 수양대군이었던 세조는 어린 조카, 단종에게서 왕위를 빼앗고, 결국 단종을 죽였지요.

알았는지 다시 궁으로 올라오라는 어명을 받았지."

"우아, 세조 임금님이 다시 상선 어르신을 부르신 거군요!"

"그래, 나는 한달음에 다시 궁으로 들어왔어. 그러고는 다시 열심히 임금님을 모셨지. 세조 임금님의 불같은 성품 덕분에 곤장을 맞기도 하고, 혼나기도 여러 번했어. 허허, 이제 다 추억이 되었구나."

"저도 얼마 전에 곤장을 맞았어요."

꼬마 환관은 그때의 아픔이 느껴졌는지 눈을 질끈 감았다 떴습니다.

"세조 임금님은 준비가 제대로 안 되었으면 곤장을 때리곤 했어. 언제나 정신을 바짝 차리고 있어야 했지."

"그래도 지금보단 낫네요? 저는 이유도 없이 그냥 맞았거든요."

"휴……."

김처선이 깊은 한숨을 내쉬었습니다.

"다들 성종 임금님 때가 좋았다는 말을 해요. 그때는 지금처럼 궁 안이 무섭지 않았겠지요?"

"그럼, 성종 임금님은 온화하고 지혜로운 분이었단다. 우리 임금님도 성종 임금님 본을 받아야 할 텐데 말이야."

"그러게 말이에요. 또 궁에 악사들이 들어오는 걸 보니 연회가 열리려나 봐요. 매일같이 연회를 여시는데 사람들은 즐거워 보이지 않아요."

"나라꼴이 엉망이 되어 가고 있구나."

자리에서 일어난 김처선은 어린 환관들의 어깨를 토닥이고는 다시 임금의 곁으로 갔습니다.

3 연산군

성종의 첫째 아들로 태어난 연산군은 7살 때 다음 왕위를 이을 세자로 책봉되었습니다. 연산군은 세자 수업을 열심히 받고 19세에 왕이 되었습니다.

연산군의 어머니는 후궁으로 궁에 들어와 중전까지 되었지만, 여러 죄를 짓고 귀양 보내졌고, 귀양지에서 사형을 당했습니다.

김처선은 연산군이 태어날 때부터 연산군의 어머니였던 폐비 윤 씨가 궁에서 쫓겨나고, 사형을 당하는 모습까지 옆에서 지켜보았습니다. 연산군이 잘 자라 조선의 왕이 되자 김처선은 가슴을 쓸어내리며 감사했습니다.

'전하, 성종 임금님을 따라 좋은 임금님이 되셔야 합니다.'

하지만 김처선의 바람과는 달리, 연산군의 마음속에는 언제 폭발할지 모르는 분노가 싹트고 있었습니다.

연산군이 왕이 된 후, 김처선은 시릉내시가 되어 성종 임금의 왕릉을 3년 동안 지키고 돌아왔습니다.

"주상전하, 환관 김처선 성종 임금님의 마지막 길을 지키고 돌아왔사옵니다."

"네가 아바마마를 끝까지 지켰구나. 김처선에게 상을 주도록 하라."

연산군은 김처선을 칭찬하며 하사품을 내려 주었습니다. 김처선은 다시 궁에 돌아와 연산군의 곁을 지켰습니다.

연산군의 아버지인 성종 때에 〈경국대전〉이라는 법전이 만들어졌습니다. 법전이 생겼으니 왕도 마음대로 정치를 할 수 없었지요. 또 임금과 관리들이 법에 맞게 정치를 잘하고 있는지 감시하는 기관들의 힘이 세졌습니다. 이 기관은 '삼사'라고 불렸는데, 사헌부 사간원 홍문관이 이에 해당하는 기관이었습니다.

삼사의 힘이 세어지자 삼사는 연산군이 시행하려는 법이 〈경국대전〉에 맞지 않는다, 백성을 위한 것이 아니다 등 여러 이유를 들어 반대하기 일쑤였습니다.

"감히 임금의 의견에 반대하다니. 더 이상 참을 수 없다."

화가 난 연산군은 '무오사화'를 일으켜 삼사의 관리들을 귀양 보내거나 죽여 버렸습니다. 삼사의 힘이 약해지자 임금에게 바른말을 해 줄 사람이 줄어들었습니다.

"아, 이제야 귀가 시원하구나."

연산군은 만족해하며 권력을 마음대로 휘두르기 시작했습니다. 얼마 뒤엔 삼사뿐 아니라 관리들까지 죽이는 '갑자사화'를 일으켰습니다. 옆에서 아부하는 사람들의 권세는 점점 세어졌지만, 옳은 말을 하는 사람들은 모두 죽거나 귀양 가기 일쑤였습니다.

"전하, 경연● 시간이옵니다."

어느 날 김처선이 굳게 닫힌 문 앞에 서서 말했습니다.

"대신들과 내가 무슨 이야기를 하겠는가. 그들은 내 어미를 죽이고 나를 능멸한 자들이다. 저들을 만나고 이야기를 들어준다면 분명 내 어미에게 했듯이 내 자리를 빼앗고 나를 죽이겠지. 나는 저들을 만날 생각이 없다. 이제 경연은 하지 않겠다."

어미라는 말에 김처선의 마음이 서늘하게 가라앉았습니다.

'다 잊으신 줄 알았는데, 다 용서하고 왕이 되신 줄 알았는데, 아직 잊지 못하고 계셨구나…. 어미의 억울함 때문에 백성 모두를 죽이려 하시는가….'

김처선의 눈에서 굵은 눈물방울이 떨어졌습니다.

연산군은 점점 포악해졌습니다. 백성들의 생각은 전혀 하지 않고, 재미

경연 임금님과 신하가 만나 정치, 경제 등 다양한 문제를 놓고 토론하던 것을 말해요.

있는 놀이들만 찾아 다녔지요. 그 모습을 보며 김처선의 한숨은 점점 깊어졌습니다. 그리고 아무도 하지 않는 바른말을 하기 위해 임금의 곁에 나아갔습니다.

"전하, 백성들의 소리에 귀를 기울이셔야 합니다."
"전하, 지금 이러실 때가 아니옵니다."
"전하, 상소문을 읽으시옵소서."

하지만 연산군은 관리들에게 그랬던 것처럼 김처선이 하는 바른 말에 점점 신경질적으로 반응하기 시작했습니다.
"감히 내시 따위가 임금에게 대드는 것이냐. 임금에게 대드는 것을 능상이라고 하는 것이다. 윗사람을 능멸하다니. 이 봐라, 저놈을 끌고나가라!"
연산군은 김처선이 바른말을 할 때마다 벌을 내렸습니다. 하지만 김처선은 연산군을 열심히 모시며, 그의 곁에서 바른말하는 것을 멈추지 않았습니다.

바른말을 하는 사람이 사라진 궁은 임금의 놀이터로 변해 버렸습니다. 매일 연회가 열렸고, 수많은 기생들이 궁을 제집처럼 드나들었습니다. 연산군은 놀이터가 작은지 궁궐 근처에 사는 사람들을 다 내쫓고 사냥터로 만들기도 했습니다. 또 흥청˙이라는 기생들을 궁궐에 불러들여 날마다 잔치를 열었습니다. 흥청이 머물 처소를 마련하기 위해 백성들이 살던 집까지 헐어내고 말았지요. 그 곳에 살던 백성들은 삶터에서 쫓겨나야 했습니다.

"전하, 전하의 모습을 비방하는 방이 여기저기 붙었습니다."

어느 날은 임금의 만행을 꼬집는 글이 여기저기 붙었습니다. 김처선이 가져온 글을 보자 연산군의 얼굴이 붉으락푸르락해졌습니다.

"앞으로 백성들이 한글로 글을 쓰는 것을 불법으로 하겠다. 그리고 이런 글을 쓴 건 필시 나를 능멸하려는 성균관 유생들의 짓이다. 성균관의 문을 닫고, 성균관에 기생들을 불러 모으도록 하라!"

졸지에 조선 최고의 교육 기관이었던 성균관은 기생들이 드나드는 유흥의 공간이 되어 버렸습니다.

나라는 점점 임금이 즐기는 곳으로 변했습니다. 임금과 주위에서 아부하는 신하들이 놀기 위해 세금은 점점 더 많이 걷어갔고, 백성들은 점점 더 가난해졌습니다.

"전하, 방이 붙은 것은 백성들이 그만큼 고통스럽다는 뜻이옵니다. 제발 통

> **흥청** '흥에 겨워 마음대로 즐기는 모양'이라는 뜻의 '흥청망청'이라는 단어도 이때 생겨났어요.

촉하여 주시옵소서."

"환관 따위가 뭘 안다고 지껄이는 것이냐!! 여봐라, 환관 김처선에게 곤장 100대를 쳐서 궐 밖으로 내쫓도록 하라."

김처선은 곤장을 맞고 쫓겨났습니다. 연산군은 다른 신하들도 바른말을 못하도록 신언패를 만들어 신하들의 목에 걸도록 했습니다.

"입은 화의 문이요, 혀는 몸을 자르는 칼이다. 입을 다물고 혀를 깊이 간직하여 보호하라."

연산군의 말에 신하들은 더 이상 아무 말도 하지 못했습니다. 입을 잘못 열었다가는 바로 죽음을 당했기 때문입니다.

4 통촉하여 주시옵소서

김처선이 절뚝거리며 다시 궁에 들어왔을 때였습니다.

"두둥두둥"

"깨갱깨갱"

"지잉~"

궁 안에서는 또 흥겨운 잔치가 벌어지고 있었습니다. 궁녀와 기생, 아부를 즐겨하던 관리들은 장단에 맞춰 춤을 추고 있었습니다. 김처선의 눈에 잔뜩 취해 귀신에 홀린 듯 춤을 추는 연산군의 모습이 보였습니다. 김처선이 연산군의 곁으로 다가갔습니다.

"오오, 김처선 왔는가. 다 늙은 환관이 곤장을 맞고도 살아 돌아왔다니. 내 살아 돌아온 기념으로 술 한 잔을 주지. 자 받게나."

연산군이 김처선에게 술을 따라주었습니다. 김처선은 단숨에 술잔을 비웠습니다. 그러고는 굽은 허리를 꼿꼿이 펴고 말했습니다.

"늙은 이놈이 네 분 임금을 섬겼지만 전하와 같은 짓을 하는 분은 없었습니다."

춤을 추던 연산군이 움직이던 발을 멈췄습니다.
"뭐라?"
연산군의 얼굴이 일그러졌습니다. 연산군은 가까이에 있는 활을 집었습니다. 그러고는 망설임 없이 김처선의 가슴팍에 화살을 쏘았습니다.

"늙은 내시가 어찌 감히 죽음을 아끼겠습니까. 전하께서 오래도록 보위에 계시지 못할 것이 한스러울 뿐입니다."

김처선도 말을 그치지 않았습니다. 고통스러워 꼬꾸라지면서도 끝까지 바른말을 뱉어냈습니다.
"어디 일어나서 다녀봐라."
연산군은 꼬꾸라진 김처선을 보고 비웃었습니다.
"전하께선 다리가 부러져도 다닐 수가 있습니까?"
김처선이 죽어가면서도 끝까지 답을 하자 연산군은 김처선의 혀를 자르고 배를 갈랐습니다. 연산군의 광기어린 모습에 함께 즐기던 신하들은

환관, 김처선 **75**

고개를 들지 못했습니다.

"간사한 내시 김처선이 임금을 꾸짖었으니 이런 죄는 세상에 없다. 어찌 천지사이에 용납하랴! 임금을 우습게 알았던 김처선의 집은 모두 헐어 버리고 집이 있던 자리에 연못을 파서 그의 죄명을 새겨 웅덩이에 묻도록 하라! 또 김처선의 아들 이공신도 죽이고 그 부인들은 관비로 삼겠다. 또 그의 7촌까지 죄인으로 낙인 찍고, 김처선의 부모의 무덤도 뭉개 버려라!"

죽음으로 바른말을 한 김처선에게 또 다시 벌이 내려졌습니다.

이렇게 하고도 분이 풀리지 않은 연산군은 다시 어명을 내렸습니다.

"앞으로 김처선의 처(處)자를 아무도 입 밖에 내지 말라! 처(處)자가 들어가는 이름과 지명도 모두 바꾸도록 하라."

이 명령이 있었던 뒤로 실제 과거 시험에 처(處)자를 쓴 권벌이라는 사람은 과거 시험에 붙었지만 합격이 취소되기도 했습니다.

김처선이 끔찍하게 죽임을 당한 뒤에, 무서워 꼭꼭 닫아두었던 관리들이 입이 움직이기 시작했습니다.

"환관 김처선이 임금님께 바른말을 하다 목숨을 잃었다고 하더군."

"우리가 해야 할 일을 환관이 했네…."

얼마 뒤, 폭군 연산군을 몰아내기 위한 반군이 만들어졌습니다. 연산군은 제대로 저항해 보지도 못하고 왕위에서 쫓겨났습니다. 그리고 쫓겨난 귀양지에서 쓸쓸하게 목숨을 잃었습니다. 매일을 호화롭게 보냈던 연산군의 최후는 너무나도 초라했습니다.

연산군과 함께 즐기며 백성들의 세금을 마음껏 썼던 장녹수는 궁에서 쫓겨나자마자 분노에 찬 백성들이 던지는 돌에 맞아 죽었습니다. 백성들이 얼마나 화가 났던지 시신 위에 돌멩이가 수북이 쌓였습니다.

연산군은 죽은 뒤에 국왕이 죽고 붙여지는 '조'나 '종'이 아닌 '군'이라는 묘호가 붙었습니다. 또 그의 시대를 다룬 기록은 '실록'이 아니라 '일기'로 불렸고 왕을 모시는 종묘에도 들어가지 못했습니다. 왕이 죽으면 보통 '능'에 모시는데 연산군은 격식을 갖춘 '능'이 아닌 초라한 '묘'에 안치되었습니다.

김처선은 연산군과 반대로 죽은 뒤에 더 높이 평가를 받았습니다. 김처선이 죽은 지 250년이 흐른 1751년, 영조는 그를 칭찬하며 그를 기리는 정문을 세웠습니다.

"임금에게 충성하고, 올바른 임금을 만들기 위해 바른말을 한 사람을 위해 정문을 세우는 것은 당연한 일이다. 김처선의 신분이 비록 낮지만, 그가 한 일이 크니 정문을 세워주도록 하라."

어떤 직업이에요?

Q 궁에서 왕이나 왕비를 돕는 사람들은 누가 있었어요?

역사 드라마를 보면 꼭 나오는 여자들이 있어요. 음식을 만들기도 하고, 바느질을 하기도 하고, 임금이나 왕비 뒤를 따라다니며 심부름을 하기도 하지요. 누군지 눈치챘나요? 바로 '궁녀'랍니다. 궁녀는 궁궐에 머물면서 일정한 지위와 월급을 받았어요. 궁녀에는 상궁, 나인, 비자, 방자, 무수리 등으로 구분되었는데 가장 높은 지위를 가진 궁녀는 '제조상궁'이었어요. 제조상궁은 정5품의 벼슬이었지만 궁에서 가장 높은 벼슬을 가진 사람들도 이들을 함부로 대하지 못했어요. 임금이나 왕비를 가장 가까이에서 모시는 사람들이었기 때문이지요. 궁녀들이 주로 궁의 살림을 맡아서 했다면 내시부에 소속된 환관들은 주로 청소나 명령을 전달하는 역할을 했어요. 궁녀와 환관이 궐에 있는 잡무들을 맡아서 한 것이지요. 내시들은 명령을 바르게 전할 수 있도록 끊임없이 공부를 하고 시험을 치르기도 했어요. 임금의 총애를 받았던 환관들은 어마어마한 부자가 되기도 했답니다.

Q 지금 대통령 가장 가까이에서 일하는 사람은 누구예요?

청와대 여민관('백성과 즐거움을 함께 하다'라는 여민동락與民同樂에서 따온 말이에요)에는 대통령 집무실과 비서실이 함께 마련되어 있어요. 대통령비서실은 대통령과 가장 가까이에 있는 것이지요.

　대통령비서실은 대통령의 직무를 보좌하기 위해서 설치된 기관이에요. 비서실은 다시 여러 분야로 나누어져요. 분야별로 전문가들이 일을 하고, 대통령과 각각 담당한 일에 대해 회의를 하지요.

　대통령이 바뀔 때마다 중요하게 생각하는 분야의 비서실을 만들기도 해요.

　표는 대한민국 19대 대통령인 문재인 대통령의 비서실조직도예요.

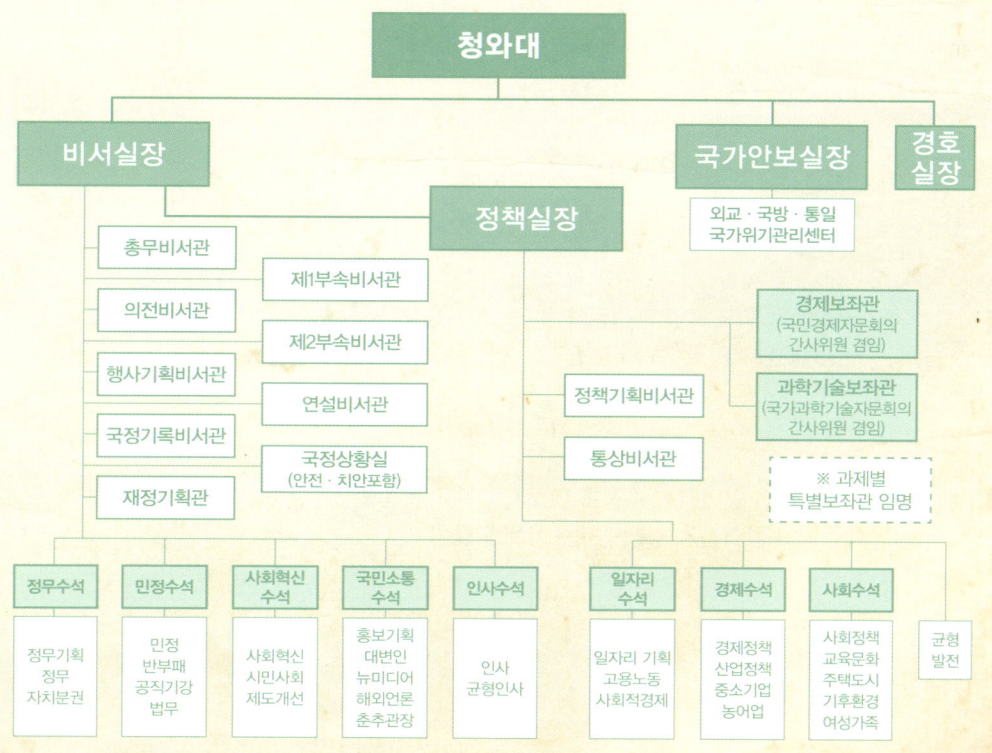

저를 쓰시려거든 대동법을 시행해 주십시오!

4 관찰사, 김육

- **1580** (선조 13년) — 출생
- **1592** — 임진왜란 중 아버지를 잃음
- **1605** — 과거시험에 합격해 성균관에서 공부함
- **1613** — 벼슬을 포기하고 가평의 잠곡에서 농사를 지으며 삶
- **1623** — 인조반정 후에 서인이 집권을 시작하자 6품직의 벼슬을 받고 의금부도사가 됨
- **1638** — 병자호란이 일어나자 충청도 관찰사의 관직을 받음
  대동법과 균역법을 시행하자는 상소를 올림
- **1649** (효종 1년) — 우의정이 되자 대동법이 여러 지역에도 시행되도록 노력하며, 대동법의 문제점을 개선함
- **1657** — 효종에게 전라도 대동법을 건의함
- **1658** (효종 9년) — 사망, 호남지역에서도 대동법이 실시됨

김육 선생님의 바른말

왜란과 호란이 지나간 자리에 백성들은 굶주리고 있습니다. 굶주린 백성들을 구제하기 위해서는 대동법만한 게 없습니다. 백성은 원하나 수령이 원하지 않고, 원하는 이는 백만 명이나 원하지 않는 이는 50여 명에 불과한데 이 50여 명 때문에 백만 명이 원하는 것을 시행하지 못하는 것은 말이 되지 않습니다.

1 백성은 누구인가

"아니, 전쟁 끝난 지 얼마나 됐다고 벌써 세금을 걷어?"

"이게 말이 됩니까? 나는 먹고 죽을 쌀 한 톨도 없습니다요!"

"남편이랑 아들이 다 전쟁터에서 죽었는데, 더 뭘 가져가겠다는 거예요!"

군졸들이 마을을 돌자, 집집마다 날카로운 소리들이 흘러나왔습니다.

1592년부터 시작했던 임진왜란이 7년 만에 끝났지만, 마을 곳곳에는 전쟁의 상처가 남아 있었습니다. 이런 상황에도 관리들은 세금이 없다며 집을 뒤졌습니다.

"형님, 벼슬아치들은 왜 없는 사람들의 것을 빼앗으려 하는 거예요?"

어린 동생이 김육의 옷자락을 잡아당기며 물었습니다.

"그러게. 저렇게 가져가는 것이 정말 나라의 곳간을 채우는 것인지 벼슬아치들의 곳간을 채우는 것인지 모르겠구나."

"형님이 궁에 들어가시게 되면 꼭 바꿔 주세요."

"그래, 그 전에 부모님 묘를 제대로 만들어야겠다."

김육이 어린 동생들의 눈을 보며 말했습니다.

임진왜란이 할퀴고 지나간 조선 땅에는 곡식은커녕 무덤만 넘쳐났습니다. 김육도 전쟁에서 아버지와 할머니를 잃었습니다. 그리고 전쟁이 끝나갈 즈음 어머니마저 세상을 떠나고 말았습니다. 앞으로 어린 동생들을 데리고 살아갈 길은 막막했지만, 김육은 아버지의 유언을 생각하며 마음을 다잡았습니다.

'아버지께서 내게 우리 집안을 다시 일으키라고 말씀하셨으니, 무너지면 안 된다.'

김육은 눈물을 삼키며 동생들의 눈물을 닦아 주었습니다. 그러고는 돌아가신 아버지를 어머니 곁으로 옮겨왔습니다. 양반이었지만 가난했던 김육은 홀로 잔디와 흙을 날라 부모님의 무덤을 만들었습니다.

"자, 이제 부모님을 모셨으니 고모 댁으로 가자꾸나."

김육은 동생들을 데리고 서울 고모 댁으로 향했습니다. 부모님의 무덤이 있는 곳은 지금의 남양주였습니다. 동생을 고모의 집에 맡긴 김육은 매일 새벽, 부모님 무덤에 다녀오며 시묘살이를 했습니다. 그렇게 매일 새벽에 출발해 부모님께 인사를 드리고, 한밤이 돼야 다시 동생들이 있는 집에 도착했습니다.

'아버지 어머니, 이제 매일같이 뵈러 오지 못할 것 같습니다. 아버지 유언대로 열심히 공부하여 집안을 다시 일으키겠습니다.'

시묘살이를 마치며 김육은 다시 다짐했습니다. 소년이었던 김육의 턱 밑으로 길게 수염이 자라 있었습니다. 끊임없는 초상으로 15살 때부터 23살 때까지 상주로 상을 치른 김육은 몸도 마음도 지쳐 있었습니다. 하지만 김육은 무덤 앞에서 다시 다짐하며 책을 손에 꼭 쥐었습니다.

열심히 과거 시험을 준비한 김육은 26세에 1604년 한성에서 열린 사마 초시와 회시에 급제하고, 성균관시에서 수석을 차지하였습니다.

2 백성의 삶을 직접 살다

　선조에 이어 광해군이 왕이 되었습니다. 현대 정치에 여러 '당'이 있듯이 당시에는 동인, 서인, 남인, 북인 등으로 뜻을 같이 하는 사람들이 모여 '당'을 만들었습니다. 각 당의 균형이 맞을 때 올바른 정치가 이루어지는데, 김육이 성균관에서 공부하고 있을 때, 조정은 북인의 힘이 압도적으로 셌습니다.

　"저의 뜻과 북인에서 주장하는 뜻은 많이 다릅니다. 지금 제가 조정에 나아간들 무슨 소용이 있겠습니까."

　김육은 주변의 만류에도 불구하고 성균관을 나왔습니다. 그러고는 일반 백성들처럼 농사를 짓고, 일한만큼 먹고 사는 삶을 살았습니다.

잠곡에 내려온 김육은 여전히 가난했습니다.

'왜란 때도, 부모님을 다 여읜 뒤에도 집이 없었는데 지금 집이 없다고 슬퍼할 일인가.'

김육은 낮에는 산에 가서 나무를 하고, 나무를 태워 숯을 만든 다음 장에 가서 숯을 팔았습니다.

"아유, 오늘도 제일 먼저 들어오시네요."

동대문을 지키는 군졸이 먼저 알아보고 인사를 했습니다.

"일찍 일어나 이걸 팔고 가야 저녁에는 책을 읽지요."

통행금지가 풀리는 시간에 가장 먼저 동대문으로 들어오는 건 늘 김육이었습니다. 김육은 숯을 다 팔고 돌아가 저녁에는 소나무에서 나오는 송진에 불을 붙이고 책을 읽었습니다.

김육은 백성과 함께 생활하며 백성들의 삶을 몸으로 느끼고 배웠습니다.

"저기, 김육 어르신 계십니까?"

어느 날, 옆집 개똥이 아버지가 찾아왔습니다. 김육이 문을 열고 밖으로 나갔습니다.

"개똥이 아버지 아니십니까?"

"네, 억울한 일이 생겨 어찌하면 좋을지 여쭤보러 왔습니다."

개똥이 아버지는 금방이라도 울듯 한 얼굴이었습니다.

"무슨 일이십니까?"

"옆 마을 사람들이 모두 도망을 가서 우리 마을이 이번 공납을 다 물게 되었다 합니다. 그래서 원래 인삼 5뿌리 낼 것을 10뿌리를 내야 한다는데, 인삼 5뿌리도 겨우 샀는데 10뿌리는 가당치도 않습니다."

"허… 옆 마을 사람들은 왜 도망을 갔답니까?"

"그야 당연히 공납을 피해 도망간 것이지요. 화적 떼가 되었다는 소문도 있습니다요."

개똥이 아버지의 목소리는 점점 높아졌습니다.

"공납을 피해 도망을 간다고요…? 도망가는 사람이 많아지면 세금 낼 사람들도 줄어들어 나라에도 도움이 되지 않을 텐데, 제도가 참 잘못 되었군요."

덩달아 김육의 목소리도 커졌습니다.

"네, 제도고 뭐고 저는 하나도 모르옵니다. 그냥 나리가 혹시 아는 분이 계신가 해서 여쭈러 왔습니다, 우리 마을 사람들 좀 살려 주십시오."

"우선 사람이 살아야 하니 제가 다른 집에 인삼을 좀 빌려보겠습니다."

"고맙습니다!"

개똥이 아버지가 허리를 굽혀 인사하고 돌아갔습니다.

'허, 세금제도가 엉망이로구나.'

날이 깊어갈수록 김육의 한숨도 깊어졌습니다.

3 세금제도가 엉망이로구나

　조선에는 전세, 역, 공물 이렇게 세 가지 세금 제도가 있었습니다. 전세는 지금의 토지세와 같은 것으로 땅을 가지고 있는 사람들이 땅에서 나오는 곡식을 세금으로 내는 것을 말합니다. 역은 나라에 전쟁이 나거나 큰 공사가 있을 때, 나라를 위해 일하는 것을 말합니다.

　개똥이 아버지가 울며 말했던 공물은 그 지역에서 나는 특산물을 내는 세금이었습니다. 인삼이 특산물인 지역에는 각 집마다 낼 인삼의 양을 정해줬습니다. 인삼 농사를 짓지 않는 사람도 특산물이 인삼으로 정해졌기 때문에 인삼을 내야 했지요.

　"가서 한번 봐야겠구나."

　김육은 개똥이 아버지와 함께 공납물을 들고 관아로 갔습니다. 공납물인 인삼 10뿌리를 겨우 구한 개똥이 아버지는 안도의 숨을 내쉬었지요.

하지만 인삼 1뿌리에 쌀 10두를 내고 사 왔기 때문에, 겨울에 먹을 쌀이 없어 걱정이었습니다.

"개똥이네 공납물 인삼 10뿌리입니다."

개똥이 아버지가 인삼 10뿌리를 아전에게 내밀었습니다.

"흠, 이건 별로 질이 안 좋아 보이는데? 점퇴요!"

아전이 인삼 질이 좋지 않다며 퇴짜를 놓았습니다.

"최상급 인삼이옵니다."

개똥이 아버지의 안색이 변하자 관리는 얼른 개똥이 아버지를 끌어내라고 소리쳤습니다.

뒤에 들어온 순돌이 아버지의 공납물은 개똥이 아버지의 것보다 훨씬 품질이 낮아 보였지만 아전은 공납을 아무 말 없이 받았습니다.

김육이 집으로 돌아가는 순돌이 아버지의 옷자락을 잡았습니다.

"이보게 순돌이 아버지, 어찌 했길래 자네의 공물은 쉽게 받아주는 것인가?"

순돌이 아버지가 그것도 몰랐냐는 표정으로 대꾸했습니다.

"아니 아직 그걸 모르십니까요? 공납물은 저기 저 옆에 웃고 있는 방납인에게 산 것입니다. 어차피 저 사람한테 산 게 아니면 받지 않으니, 그냥 처음부터 비싸더라도 저 사람에게 사는 게 낫습니다요."

"방납인이라? 그래 인삼 한 뿌리를 얼마에 샀소?"

"쌀 50두에 샀습니다."

"쌀 50두라고?"

김육의 눈이 휘둥그레졌습니다. 순돌이 아버지는 개똥이 아버지가 산 인삼보다 5배나 비싸게 산 것입니다. 비싸게 샀지만 인삼의 질은 한참 떨어져보였습니다.

'농사짓지도 않는 인삼을 내라고 제멋대로 정해 놓고, 비싼 값에 인삼을 판 다음에 인삼 판값을 마을 수령과 방납인이 나누려는 속셈이군. 저러니 사람들이 도망을 가지. 어떻게 하면 저런 폐단이 없어질 수 있을까.'

고민하며 집으로 돌아온 김육 앞에 서찰이 와 있었습니다. 서찰에는 다시 한양에 올라와 나랏일을 하라는 임금님의 명이 적혀 있었습니다.

'저 백성들의 마음을 대변하는 제도와 법을 만들어야겠다. 아마 그 일을 하라고 다시 조정으로 부르는 모양이야.'

김육은 한양으로 떠나기 전에 다시 백성들의 삶을 하나하나 둘러보았습니다.

4 백성을 위한 제도, 대동법

김육이 다시 한양으로 올라온 때, 임금은 광해군에서 인조로 다시 바뀌었습니다. 또 광해군 때에 집권하던 북인에서 서인으로 정치 세력도 변했습니다.

김육은 6품직을 받아 다시 벼슬을 시작했지만, 다시 공부하여 문과 시험에서 장원을 차지했습니다.

"잠곡에서 10년 동안 농사를 지었다는데 어떻게 장원을 했지?"

"낮에는 농사를 짓고, 밤에는 공부를 했다는데? 독한 사람이야!"

'농사꾼' '가난한 양반' '공부벌레' 등 관리들과 양반들 사이에서 김육은 다양한 모습으로 불렸습니다. 별명대로 김육은 농사를 지었던 가난한 양반이었고, 책에서 손을 놓지 않는 사람이었습니다. 그리고 농사를 지으며 백성들의 마음을 가장 잘 알게 된 양반이기도 했습니다.

'관직에 나간 사람이 만물을 아끼는 마음을 가진다면 반드시 백성에게도 혜택을 줄 수 있을 것이다.'

김육은 송나라 성리학자 정호의 말을 다짐하고 또 다짐했습니다. 이 다짐대로 백성을 아끼고, 백성들이 낸 세금을 아껴 썼습니다.

그러던 중 김육은 충청도 감사로 가게 되었습니다. 충청도 감사로 충청도 내포 지역을 돌던 중 김육은 공납 때문에 힘들어하는 백성들을 다시 만났습니다. 내포* 지역은 임진왜란과 병자호란이라는 큰 전쟁에서 피해를 많이 입지 않은 지역이었습니다. 때문에 피해를 입은 다른 지역에 비해 공납이 많아졌습니다.

"어허, 공납이 이렇게 많아서야 어떻게 다 낼 수 있겠는가. 전라도보다 공납을 4배나 더 내고 있구나. 이 지역에도 방납인들을 통해 공납을 받는가?"

"네, 그러하옵니다."

수령이 고개를 숙이며 말했습니다.

"이 지역에도 대동법이 필요하겠구나."

"대동법이 무엇이옵니까?"

내포 현재 태안, 서산, 당진, 홍성, 예산, 보령, 아산의 일부 지역이에요.

마을 수령이 김육에게 물었습니다.

"어허, 경기도에서 시행되었던 대동법에 대해 듣지 못하였는가. 대동법은 특산물로 공납을 내는 것이 아니라 쌀로 세금을 내는 것이네. 쌀 300두를 수확할 수 있는 땅 1결당 12두만 세금으로 내는 것이야."

관찰사, 김육

"그럼 땅을 가지고 있지 않은 백성들은요?"

"에끼. 이 사람아, 땅이 없는 사람에게 세금까지 내라고 하면 되겠는가. 땅을 가지고 있는 사람들이 세금을 내야지!"

"아… 그럼 땅을 가진 부자들이 반대할 텐데요?"

"그래, 그게 문제네. 좀 더 가진 사람들이 나라 곳간을 채워야지, 자꾸 없는 사람들 것을 빼앗으려 하는 게 문제란 말이야."

김육이 한숨을 쉬고 말을 이었습니다.

"그래도 꼭 그런 나라를 만들어야지. 살기 좋은 나라는 관리가 세금을 아껴서 쓰고, 백성들이 부담해야 하는 요역은 가벼운 나라네. 그러려면 자네 같이 지방 수령들이 중요해. 실제로 백성을 만나고 세금을 걷는 사람들이 바르게 법을 시행하지 않으면 대동법이 시행된다고 해도 실패하고 말 것이네. 자네가 바르게 법을 지켜주게."

김육은 충청도에서 여러 번 상소를 올렸습니다. 하지만 땅을 가진 양반들의 반대로 충청도와 전라도 지방에서 대동법은 시행되지 못했습니다.

"왜란과 호란이 지나간 자리에 백성들은 굶주리고 있습니다. 굶주린 백성들을 구제하기 위해서는 대동법만한 게 없습니다. 백성은 원하나 수령이 원하지 않고, 원하는 이는 백만 명이나 원하지 않는 이는 50여 명에 불과한데 이 50여 명 때문에 백만 명이 원하는 것을 시행하지 못하는 것은 말이 되지 않습니다."

5 드디어 시행된 법, 대동법

　김육은 여러 지역을 돌며 다양한 관직을 맡았습니다. 어느 지역에 가든 그곳의 민생을 살피고 필요한 것을 잘 살펴 법으로 만들려 애썼습니다. 김육이 여러 지방에서의 관직을 마치고 다시 한양으로 돌아왔을 때, 인조 임금이 돌아가셨다는 소식이 들려왔습니다.

　"자네가 국장도감의 일을 맡아 주게."

　인조에 이어 임금이 된 효종은 아버지의 장례를 김육에게 맡겼습니다. 김육은 묵묵히 맡은 일을 감당했습니다. 김육의 나이 70세의 일이었습니다.

　당시 조선에는 70세가 되면 관직에서 물러나는 관례가 있었습니다. 김육은 인조의 장례를 마친 뒤에 효종 임금에게 사직 상소를 올렸습니다. 그런데 효종 임금에게 뜻밖에 답이 내려왔습니다.

"김육의 사직을 허락하지 않는다. 김육을 우의정으로 임명하니 다시 궐에 들어오도록 하라."

효종은 김육의 됨됨이와 정치 경험을 높게 평가했습니다. 또한 백성을 위한 법을 만드는 것은 김육만한 사람이 없다 생각했지요.

"성은이 망극하옵니다. 전하, 하지만 소인은 이미 늙고 힘이 없사옵니다. 명을 거두어 주십시오."

김육은 효종의 마음에 감사했지만 또 다시 거절의 상소를 올렸습니다. 하지만 효종은 포기하지 않고 일곱 번이나 김육에게 교지를 내렸습니다.

일곱 번째 교지를 받은 김육은 임금에게 상소를 올렸습니다.

"저를 쓰시려거든 대동법을 시행해 주십시오."

김육은 다시 한 번 대동법을 시행해 달라는 상소를 올렸습니다. 결국 효종은 대동법을 시행하겠다 약속하고, 김육을 조정으로 부를 수 있었습니다.

김육의 끊임없는 주장 덕분에 효종 2년에는 충청도에서 대동법이 시행되었습니다. 무리하게 걷어갔던 공납이 사라지자 백성들은 논에서 춤을 추고 노래를 불렀습니다.

"대동법이 시행되고 나서 세금이 5배나 줄어들었네. 우리 땅은 쌀이 많이 나지 않는 땅인데, 딱 내가 농사지은 것만큼 쌀을 가져가니 얼마나 좋은지 몰라."

"그뿐인가? 땅이 없는 나 같은 사람은 세금을 내지 않아도 된다네."

"쌀로 내니 수령들이 바꿔치기도 하지 않고, 방납인들 눈치를 보지 않아도 되고 얼마나 좋은가. 이게 다 김육 어르신 덕분이라지?"

충청도 땅 곳곳에는 김육을 칭찬하는 사람들로 넘쳐났습니다.

"대동법을 시행하는 관리들이 또다시 비리를 만들어 자기들 뱃속을 채우는 데 쓰지 않도록 탄탄한 법을 만들어야 해. 대동법이 전라도에서도 시행되어야 하는데…."

평생을 백성들의 세금을 줄이기 위해 애썼던 김육은 79세에 여전히 고민을 하며 눈을 감았습니다. 마지막 유언도 전라도의 대동법을 부탁한다는 내용이었습니다. 김육의 유언대로 그가 죽은 뒤, 효종 9년에 전라도에서도 대동법이 시행되었습니다.

김육의 장례를 치르는 그의 집에는 백성들이 수도 없이 찾아왔습니다. 작은 초가집에 살던 김육의 집에 다 들어갈 수 없자, 사람들은 그의 업적을 돌에 새겨 비석으로 세웠습니다.

그때 세웠던 '대동법 시행 기념비'는 경기도 평택에 남아 있습니다. 비석에는 백성들의 편안함을 늘 먼저 생각했던 김육의 마음이 고스란히 남아 있습니다.

어떤 직업이에요?

Q 조선 시대에는 또 어떤 세금이 있었어요?

조선 시대에도 지금처럼 장사를 하는 시전 상인들에게 부과된 세금이 있었어요. 조선 정부에서는 종로에 대규모의 상가인 시전을 만들고 이들을 관리를 '평시서'라는 부서에 맡겼어요. 평시서에서는 시전 상인들이 사용하는 자, 저울 등 도량형을 관리하고, 물가를 조절하는 일, 세금 걷는 일 등을 맡았지요. 때로는 평시서에서 시전에 있는 몇몇 가게를 정해서 상인들이 직접 세금을 걷도록 하기도 했어요. 이때 '세금을 걷는 사람'이라는 걸 알려 주기 위해 수세패라는 걸 몸에 달도록 했다고 해요.

Q 조선 시대에도 세금을 줄여주는 제도가 있었나요?

조선 시대에는 나라에 공을 세운 사람과 그 후손들에게 세금을 감면해 주었어요. 또 열녀나 효자를 뽑아 세금을 감면해 주었지요.

Q 지금은 누가 세금을 관리해요? (행정부-기획재정부가 하는 일)

우리가 물건을 살 때도, 부모님이 일을 해서 번 돈에도 전부 세금을 내야 해요. 정부는 세금을 받아서 우리의 안전을 지켜주는 일, 도로를 만들거나 도서관을 만드는 일, 부모님이 더 좋은 환경에서 일할 수 있도록 돕는 일 등을 해요. 가난하거나 몸이 아픈 사람들을 돕는 일에도 세금을 사용하고 있지요.

행정부의 많은 기관들 중에 기획재정부는 대한민국의 경제정책, 예산, 세금제도를 맡고 있어요. 기획재정부에서는 국민들과 우리나라가 발전할 수 있는 계획을 세운 뒤에 그에 맞게 예산을 짜고, 예산대로 세금을 사용해요. 세금을 걷고, 사용하는 모든 일을 맡아서 하고 있는 것이지요. 기획재정부에는 국세청과 관세청, 조달청, 통계청이 속해 있어요.

국세청

발해는 우리의 역사입니다

검서관, 유득공

1748
(영조 25년)
- 서얼의 신분으로 태어남
  이덕무, 홍대용, 박제가, 서이수, 박지원 등
  북학파 친구들과 깊은 우정을 나눔

- 통일신라 이전의 시와 향가를 모아 ≪삼한시기≫라는
  책으로 엮음
- 이덕무, 박제가, 이서구 등과 함께 ≪한객건연집≫ 이라는
  시집을 엮음

1773
- 이덕무, 박지원과 함께 청나라에 감
  광활한 만주가 청나라 땅이 되었다는 사실에 안타까워함

1779
- 규장각 검서관이 됨

1784
- 포천현감을 시작으로 지방관 생활을 함
  발해의 역사를 쓴 ≪발해고≫를 최초로 펴냄

1807
- 사망

유득공 선생님의 바른말

이제라도 발해사를 써서 우리 후손들에게 저 땅이 원래 누구의 땅이었는지 알려 줘야지요. 지금이라도 쓰지 않으면 발해라는 나라는 잊히고 말 것입니다. 그렇게 된다면 저 땅에서 평생 나라를 지키려 했던 우리 조상들을 볼 면목이 없지 않겠습니까?

1 맹모삼천지교

"쟤네 아버지도 돌아가셨대."

"쯧쯧쯧, 정말 안됐다. 얼마 전에는 할아버지도 돌아가셨다면서?"

어린 유득공의 귀에 사람들의 수군거리는 소리가 들려왔습니다. 전염병이 할퀴고 지나간 마을 곳곳에 향냄새가 가득 배어 있었습니다. 그 중 유독 사람이 많이 죽은 유득공의 집은 사람 대신 서늘한 향연기만 이리저리 움직였습니다.

"득공아, 이제 이 집에서는 살 수 없겠구나. 아버지의 장례를 마치면 외가로 가자."

이제 막 다섯 살이 된 득공에게 어머니가 말했습니다. 득공이 눈을 깜빡이자 눈을 비집고 슬픔이 흘러나왔습니다.

득공의 어머니는 아버지의 첫 번째 부인이 아닌 첩이었습니다. 조선 시대에 본래 부인이 아닌 첩에게서 난 자식은 '서자'라고 불렀어요. 이름을 따로 두어 부른 것은 그들을 구별하기 위해서였습니다. 서자들은 본부인에게서 난 자식들에 비해 차별을 받았고, 벼슬에 나가기도 힘들었지요.

아버지의 장례를 마치고 어머니와 득공은 초라한 보따리를 하나씩 안고 외가로 향했습니다. 외갓집은 남양 백곡이라는 곳이었습니다. 외갓집에 도착한 득공의 눈이 휘둥그레졌습니다.

"어머니, 아버지 집에는 늘 글 읽는 소리가 들렸는데, 이곳은 모두 무예를 익히고 있네요?"

득공의 말대로 삼촌들과 친척 형들은 모두 칼을 차고 다니며 무예를 익혔습니다.

"흠… 너희 외가는 고려 때부터 무관으로 이름을 높인 분들이 많다. 하지만 너는 유 씨이니 네 아버지처럼 글을 공부해야 한다. 너는 아버지를 닮았으니 분명 글 쓰는 데 소질이 있을 게야."

어머니의 목소리는 단호했습니다. 하지만 득공은 글을 읽는 것만큼이나 친척들과 함께 칼싸움을 하거나 활 쏘는 것도 좋아했습니다.

평소처럼 친척 형들을 따라 산에 올라 활을 쏘고 내려온 날이었습니다.

"어머니, 제가 형님들보다 활을 더 멀리 쏘았…"

자랑을 하며 들어오던 득공의 귀에 어머니의 날카로운 목소리가 박혔습니다.

"싫습니다."

이어 외할머니의 간곡한 목소리도 들려왔습니다.

"네 나이가 아직 젊고, 아이도 어리니 재혼을 하라는 게 잘못된 이야기는 아니지 않느냐. 홀몸으로 어떻게 자식을 키운단 말이야. 득공이는 내가 잘 키울 테니 너는 더 늦기 전에 다시 시집을 가거라."

"어머니, 저는 득공이를 잘 키우기로 득공이 아버지와 약속했습니다. 저 아이를 잘 키우는 데 남은 생을 보내고 싶습니다. 삯바느질을 해서라도 저 아이를 키워낼 것입니다."

엿듣고 있던 득공은 어머니를 향한 죄송한 마음을 감출 수 없었습니다. 활과 나무칼을 등 뒤에 숨기고 방에 들어온 득공은 다음 날부터 꼼짝 않고 하루 종일 책을 읽었습니다.

어머니의 말대로 득공은 아버지의 글 짓는 능력을 쏙 빼 닮았습니다. 가끔 짓는 시는 여러 사람들에게 읽혀지곤 했지요. 어머니는 다시 득공을 불렀습니다.

"득공아, 네가 짓는 시를 보니 너는 이 시골에서 공부할 것이 아니구나. 다시 한양으로 가서 네가 배울 수 있는 곳을 찾아보자."

어머니는 다시 득공을 데리고 서울로 이사했습니다. 외가로 내려올 때보다 훌쩍 자란 득공은 어머니의 짐까지 짊어지고 서울 집으로 들어섰습니다. 어머니는 훌쩍 높아진 득공의 어깨를 보며 옅은 미소를 지었습니다.

새로 이사 온 집은 아주 작고 초라했습니다. 어머니는 작은 방에 매일

호롱불 심지에 불을 붙이고 늦은 저녁까지 바느질을 했습니다. 이집 저집에서 온 바느질거리가 수북이 쌓이면 아들 월사금•을 벌었다며 좋아했지요.

어느 날 득공이 책을 읽다 벌떡 자리에서 일어나는 바람에 옆에 있던 기름통이 중심을 잃고 쓰러졌습니다.

"에구머니!"

옆에서 바느질을 하던 어머니가 얼른 비단을 들었지만, 이미 비단에는 기름얼룩이 가득했습니다.

"어머니, 어쩌지요?"

당황한 득공은 어찌할 바를 몰랐습니다. 비싼 비단에 기름이 묻었으니 다시 물어 주려면 돈이 많이 들어갈 것이 뻔했습니다.

"그런데 무엇 때문에 소리를 지르며 일어났느냐?"

어머니는 득공을 야단치지 않고, 침착한 목소리로 이유를 물었습니다.

"몇 번을 읽어도 이해가 가지 않던 문장이 있었습니다. 그런데 갑자기 깨달음이 와서 소리를 지르며 일어나고 말았습니다. 죄송해요, 어머니."

"그렇구나. 비단은 다시 사면되니 걱정 말아라. 비단보다 네 깨달음이

월사금 스승에게 감사의 뜻으로 다달이 바치던 돈을 말해요.

더 값지다."

어머니는 차분한 목소리로 답했습니다.

"어머니, 저는 서자라 벼슬도 못하는 데 무엇 하러 공부를 하나요? 어머니 고생만 시켜드리는 것 같습니다."

어머니에게 늘 미안한 마음을 가지고 있던 득공은 괜스레 짜증이 났습니다. 순간, 표정이 어두워진 어머니가 손에서 바느질감을 내려놓았습니다.

"득공아, 그것은 네가 공부하며 찾아야 하는 것이다. 공부를 하면 네 길을 찾을 수 있을 거야."

2 서자 유득공

　득공은 어머니의 말씀대로 계속 공부를 했습니다. 당시 임금이었던 영조가 법을 바꾸어 서자도 과거를 볼 수 있게 해 주었지만 실제로 서자가 과거에 통과하는 것은 다른 양반들보다 훨씬 어려웠습니다. 또 과거에 급제해도 벼슬을 얻는 것이 쉽지 않았습니다.

　득공도 27세가 될 때까지 과거에 급제하지 못했습니다. 신분은 생각보다 넘기 어려운 벽이었습니다.

　득공이 오랫동안 벼슬에 나가지 못하자 집은 점점 더 가난해졌습니다. 가난과 신분에 대한 아픔을 시로 쓰고 또 써서 풀어내어도 슬픔은 금세 다시 차올랐습니다. 유득공의 슬픈 시가 방 안을 가득 채우고 있을 때, 방문 두드리는 소리가 났습니다.

　"여보게 동무, 문 좀 열어 보게."

득공이 문을 열자, 동무가 문 앞에 서 있었습니다.

"어서 들어오시게."

반가운 마음에 친구를 집에 들였지만 번번한 음식 하나 내어 줄 수 없었습니다. 득공의 미안한 마음을 알았는지 친구가 먼저 자신의 가난을 이야기했습니다.

"어이, 동무. 얼마 전에 굶주림을 견디다 못해 내가 가진 물건 중에 가장 좋은 책을 팔아 가족들 밥을 지어 먹였다네. 책은 이미 수백 번을 읽어다 머릿속에 있으니 판 것도 아니지."

동무가 큰 소리로 웃으며 말했습니다.

"하하하, 잘했구먼. 잠시만 기다리게."

잠깐 친구를 두고 자리를 비웠던 유득공은 술상을 차려 왔습니다.

"자네 말을 듣고 나도 내가 가진 책 중 한 권을 팔아 손님상을 마련했네. 이미 다 머릿속에 있으니 나도 판 것은 아니지. 허허."

두 사람은 밤이 새도록 이야기를 나눴습니다. 가난을 함께할 동무가 있다는 건 눈물을 웃음으로 바꿔줄 만큼 고마운 일이었습니다.

유득공의 시와 됨됨이 덕분에 주변에는 늘 친구들이 모였습니다. 특히 이덕무, 홍대용, 박제가, 서이수, 박지원 등 북학파• 친구들과 자주 어울렸지요.

어느 날 친구들은 중국에 다녀온 이덕무의 집에 모였습니다. 청나라에 다녀온 이야기도 듣고, 청나라에서 새롭게 가져온 책을 보기 위해서였습니다. 유득공은 이덕무가 가져온 청나라 역사책에 관심을 보였습니다. 한참 책을 들여다보던 유득공이 말했습니다.

"여보게 동무들, 새로운 문물을 들여오는 것도 좋으나 이 책처럼 우리 역사에 대한 바른 정리가 필요하네. 이 상태로 두면 나중에 후손들이 우리 역사에 대해 제대로 알지 못할 거야."

친구들은 유득공의 말에 고개를 끄덕였습니다. 유득공은 집으로 돌아오자마자 어떤 역사를 정리할지 고민하기 시작했습니다.

'그래, 먼저 내가 가장 좋아하는 시를 정리해 보자. 우리 옛 시들을 정리해 두지 않으면 우리의 좋은 시들이 다 잊히고 말 거야.'

유득공은 가지고 있는 책을 다 뒤져 신라 시대 이전의 시와 향가*들을 받아 적기 시작했습니다. 시를 연구하며 우리의 시의 아름다움에 여러 번 탄성이 나왔습니다.

유득공은 고대 시와 향가들을 《삼한시기》라는 책 한 권에 담았습니다.

북학파 북학파는 청나라의 발달한 문명을 받아들여 조선을 발전시켜야 한다고 주장하던 사람들을 말해요. 당시 청나라는 조선보다 과학이나 천문학, 농업 기술 등이 발전했어요. 청나라의 기술을 들여오면 경제가 좋아지고, 경제가 좋아지면 백성들이 살기 편해질 것이라는 생각이었지요.
향가 한글이 창제되기 전에 한자를 빌려 적었던 시를 말해요.

'우리 시에 대해 정리했으니 이번엔 역사에 대해 좀 더 연구해 보자.'

유득공은 역사를 연구하기 위해 한백경의 《동국지리지》를 몇 번이나 읽으며 우리 역사 지리에 대한 공부를 하고, 개성 평양 공주 등 우리 땅을 여러 번 밟았습니다.

'우리 땅이 이렇게나 아름답구나.'

우리 땅을 바라보며 감탄하던 유득공의 머리에 공부를 해 두면 어떤 일에 쓸지 알 수 있을 것이란 어머니의 말씀이 떠올랐습니다.

3 우리 역사를 알아야 합니다

"어머니, 드디어 관직에 나가게 되었습니다!"

득공이 눈물을 흘리며 어머니 앞에 엎드렸습니다. 새로 임금이 된 정조가 서자를 차별하는 관습들을 많이 없애 주었기 때문에 가능한 일이었습니다.

"그래, 장하다. 부디 이 나라에 꼭 필요한 관리가 되어야 한다."

"네, 어머니 명심하겠습니다."

"이보게, 우리 왔네!"

과거에 급제했다는 소식을 들은 친구들이 득공의 집 앞에 찾아왔습니다. 득공은 버선발로 문을 열어 주었습니다.

"축하하네!"

한 친구가 중국에서 가져온 역사책을 선물로 내밀며 말했습니다.

득공은 친구가 가져온 역사서를 반갑게 받았습니다.

"고맙네."

"내가 얼마 전에 중국에 다녀왔는데, 중국에서도 자네의 시가 유명하더군."

"정말인가? 내 시 중 어떤 것이 유명하던가?"

"《이십일도회고시二十一都懷古詩》가 책방에 있기에 내가 나의 동무가 지은 책이라고 했더니 꼭 한 번 중국에 와 주십사 부탁을 받았네."

"허허, 그래? 어떤 부분이 좋았다던가?"

"자네의 시집 한 권이면 조선의 역사를 한 번에 알 수 있다고 하더군. 게다가 시로 역사를 엮어 조선 역사가 더욱 아름답게 느껴진다는 거야. 내 생각도 그러하네. 하하."

친구는 득공의 어깨를 치며 자랑스러워했습니다.

"조선의 긴 역사를 조금이나마 담아냈다니 기분이 좋네. 시 뒤에 넣은 설명은 어떻다던가?"

득공의 목소리가 높아졌습니다.

"시어 설명 말인가? 시어를 설명해 주니 시를 더욱 완벽하게 이해할 수

이십일도회고시 《이십일도회고시》는 고조선부터 고려에 이르기까지 21개 도읍지의 사적을 한시로 읊은 시예요. 앞에는 시의 내용과 관련된 역사적 사실을 소개하고, 뒤에는 시어에 대한 자세한 설명을 해 놓았지요.

있었다는 평이야. 아참, 내가 듣기론 조선의 양반들은 물론이고, 임금님까지 자네 시를 읽었다던데?"

"그게 정말인가?"

"정말이고 말고, 신분에 차별을 두지 않는 임금님을 만나 자네의 재능을 사용할 수 있으니 참 좋은 세상이 왔구먼."

"모두 좋은 동무들을 둔 덕분이네. 자네들 덕분에 가난한 내 형편에 만주, 중국, 몽고, 베트남, 라오스, 미얀마, 대만, 일본, 영국의 책까지 읽을 수 있었으니 말이야."

득공의 눈시울이 붉어졌습니다. 자기가 좋아하는 시로 이렇게 인정받게 될 줄은 생각하지 못했기 때문입니다.

"모두 자네의 재능을 보았기 때문이지. 또 자네가 사랑하는 우리나라와 역사를 우리 또한 사랑하고 말이야. 허허."

"고맙네."

"고맙긴. 오늘 우리가 모인 기념으로 자네의 시조 한 수 읊어주지 않겠나?"

친구들이 득공의 주변에 둘러앉았습니다.

"좋지!"

득공은 동무들 앞에 서서 떨리는 목소리로 지은 시를 읊었습니다. 참 좋은 날이었습니다.

대동강 물에 저녁연기 자욱하니 大同江水浸烟蕪

왕검성의 봄이 그림 같구나 王儉春城似畵圖

만리의 산이 진흙이 되었지만 萬里塗山來執玉

해부루의 아름다움이 더하는구나 佳兒尙憶解扶婁

《이십일도회고시二十一都懷古詩》중 평양을 노래한 부분

4 우리 땅에 대한 기록이 없다니!

　정조는 유득공의 글짓기 능력을 높이 평가해 유득공에게 검서관이라는 관직을 주었습니다.

　검서관은 궁에 있는 책을 관리하는 직책이었습니다. 책을 관리하며 수많은 역사서를 볼 수 있게 된 유득공은 뛸 듯이 기뻤습니다. 유득공이 역사에 관심이 많다는 것을 안 정조는 유득공을 불러 조언을 구하기도 하고, 새로운 책을 쓸 때 불러 일을 맡기기까지 했지요.

　어느 날, 정조가 유득공에게 말했습니다.

"자네가 중국에 좀 다녀와야겠네."

"예 전하, 중국에 가서 어떤 일을 하면 되겠사옵니까."

"유득공 자네는 우리 역사에 관련된 책을 모아 오도록 하게."

"예 전하, 성은이 망극하옵니다."

정조의 명을 받은 득공은 중국에 도착했습니다. 유득공이 광활한 만주를 바라보며 문득 생각에 잠겼습니다.

'이 땅은 우리 발해의 땅이었는데… 이제 중국의 땅이 되었구나. 하아…. 그런데 이 땅이 우리 땅이었다는 기록조차 남아 있지 않다니….'

5 발해를 기록하다

 유득공이 바라보며 안타까워했던 만주는 고조선 때부터 우리의 땅이었습니다. 그 뒤에 그 땅은 고구려의 땅이었고, 발해의 땅이되었습니다.

 그러나 발해가 멸망한 뒤에 중국 땅이 되어 버렸습니다. 우리의 역사가 흐르던 만주가 중국의 땅이 되어 버린 것입니다. 게다가 발해를 기록한 역사는 조선에 남아 있지 않았습니다.

> **발해** 한반도는 고조선 시대 이후에 고구려, 신라, 백제 이렇게 세 나라로 나누어졌습니다. 한반도를 통일하려는 계획을 세운 신라는 당나라와 함께 고구려를 공격했습니다. 결국 고구려는 두 나라의 공세에 멸망하고 말았습니다. 고구려가 멸망한 후, 고구려의 귀족들은 당나라로 끌려가거나 다른 지역으로 이사를 가야 했습니다. 하지만 땅을 지키려는 고구려 사람들의 저항은 끊임없이 계속되었습니다. 그때 대조영이라는 고구려 사람은 고구려 유민들과 말갈인들을 모아 당나라 군사들을 물리치고 지금의 만주땅인 길림성 동모산에 '발해'라는 나라를 세웠습니다.

'발해를 왜 우리 땅으로 기록하지 않았을까. 이제라도 발해를 연구해서 역사에 남겨야겠다.'

유득공은 안타까운 역사에 가슴을 치며 발해에 관한 자료들을 모으기 시작했습니다.

유득공이 발해사를 쓰고 있다는 사실을 안 사람들 중 일부는 쓸모없는 일이라며 유득공을 비판하기도 했습니다.

"자네가 발해사를 쓰고 있다는 얘기를 들었네. 발해도 우리의 역사란 말인가?"

그럴 때마다 유득공은 천천히 발해가 왜 중요한지 설명해 주었습니다.

"옛날 주몽이 북쪽에 나라를 세워 고구려라 하였고, 온조가 서남쪽에 나라를 세워 백제라고 이름을 지었습니다. 박씨, 석씨가 동남쪽에 살면서 신라를 건국하였습니다. 그러니 이 모두 한 뿌리에서 나온 역사입니다. 백제와 고구려가 멸망하자 신라가 통일을 했습니다. 신라가 남쪽을 차지했을 때 대씨는 북쪽을 차지하여 발해를 건국했습니다. 신라와 발해가 동시에 한반도에 있던 나라이니 남북국시대라 해야 하고, 마땅히 남북국사가 편찬되어야 하는데 고려는 이 삼국에 대한 역사는 기록했지만 발해사는 기록하지 않았습니다."

"오호, 자네 이야기를 들어보니 발해사가 없는 것이 오히려 이상한 일이구먼."

"만약 고려가 발해사를 써서 중국에 가지고 가 '왜 우리 발해 땅을 돌려주지 않는가? 발해 땅은 바로 고구려 땅이다'라고 발해 땅에 살고 있는 여진족을 꾸짖은 뒤에 장군 한 명을 보내서 그 땅을 거두어 오게 했다면, 토문강 북쪽의 땅을 소유할 수 있었을 것입니다. 또 이처럼 '왜 우리 발해 땅을 돌려주지 않는가? 발해 땅은 고구려 땅이다'라며 거란족을 꾸짖은 뒤에 장군 한 명을 보내어 그 땅을 거두어 오게 했다면, 압록강 서쪽의 땅을 소유할 수 있었을 것입니다."

"그렇군. 드넓은 만주 땅이 다시 우리 땅이 될 수 있는 기회였는데 안타깝기 그지없네."

유득공의 이야기를 들은 사람들은 역사를 기록하지 않은 것이 얼마나 큰 잘못이었는지 알게 되었습니다.

"그럼 이렇게 뒤늦게 발해사를 써서 무슨 소용이 있겠는가?"

사람들은 이미 중국 땅이 되어 버린 만주를 왜 기록해야하냐고 묻기도 했습니다. 그럴 때면 유득공은 이렇게 말했습니다.

"이제라도 발해사를 써서 우리 후손들에게 저 땅이 원래 누구의 땅이었는지 알려 줘야지요. 지금이라도 쓰지 않으면 발해라는 나라는 잊히고 말 것입니다. 그렇게 된다면 저 땅에서 평생 나라를 지키려 했던 발해 조상들을 볼 면목이 없지 않겠습니까?"

유득공은 발해사를 쓰기 위해 연경에 가기도 하고, 남아 있는 책을 수백 권도 더 보았습니다. 하지만 이미 수백 년 전에 없어진 발해에 대한 기록은 찾기 어려웠습니다.

'누구라도 기록해 두었으면 좋았을 텐데… 내 후대에 이런 생각을 할 사람들을 위해서라도 내가 조금이라도 더 기록하고 찾아야지.'

유득공의 안타까움은 어느새 열정으로 바뀌었습니다.

유득공의 수없는 연구 끝에 《발해고》라는 최초의 발해 역사책이 세상에 나오게 되었습니다. 제목을 《발해사》가 아닌 《발해고》라고 한 것은 자료가 너무 부족했기 때문에 정확한 시기와 역사를 기록할 수 없었기 때문이었습니다.

《발해고》에는 지금껏 '통일신라시대'가 아닌 '남북국시대'라 명칭을 바꾸며 발해의 역대 왕을 다뤘습니다. 또 일본과 당의 기록에 나온 80여 명의 발해인들에 대해서도 설명했습니다. 또 발해의 행정구역과 지리, 발해의 관제, 생산품, 발해의 언어, 발해가 일본 또는 당에 보낸 국서, 발해가 망한 후 세워진 정안국의 역사까지 기록했습니다.

"자네 덕분에 우리 조선이 더욱 큰 나라가 된 것 같구먼."

사람들은 《발해고》를 보며 함께 뿌듯해했습니다. 그런 사람들의 표정을 보는 유득공의 마음도 행복했습니다.

"이제야 후손들을 볼 면목이 생겼네요."

조선이라는 나라에 살고 있지만 《발해고》를 짓는 동안 유득공의 마음은

늘 드넓은 만주 벌판을 달리고 있었습니다.

  사람들이 잊어 버렸던 우리나라를 기록해 다시 깨닫게 해준 유득공 덕분에 우리도 잃어 버렸던 '발해'라는 우리의 뿌리를 알게 되었습니다.

어떤 직업이에요?

Q 조선 시대에도 바른 교육을 위해 세운 기관이 있었나요?

조선 시대에 가장 대표적인 교육 기관으로는 성균관이 있어요. 성균관에서는 조선의 건국이념인 유학을 가르쳤어요. 이곳에 입학하면 관리가 되는 길이라 여겼기 때문에 사람들은 성균관에 들어간 것만으로도 자랑스러워했지요. 성균관에 입학한 학생들을 '유생'이라 불렀는데, 유생들은 성균관 안에서 기숙생활을 하며 공부를 했어요.

또 다른 교육기관인 향교는 한양에 있었던 성균관과 달리, 지방에서 학생들을 가르쳤던 기관이에요. 고을마다 세워진 향교에서도 유학을 가르쳤어요. 조선 조정에서는 향교에서 쓰이는 비용을 대 주고, 교육이 잘 이루어지고 있는지도 꼼꼼하게 감독했어요. 마을 수령들은 자신이 다스리고 있는 마을에서 많은 과거 급제자가 나올 수 있도록 애썼지요.

Q 현재 바른 교육을 하기 위해 일하는 공무원에는 누가 있어요?

대한민국의 교육을 담당하는 중앙행정기관은 '교육부'예요. 교육부에서는 대한민국의 교육 방향을 세우고, 바른 교육을 하기 위한 정책들을 만드는 일을 해요. 바른 역사를 가르치기 위해 '국사편찬위원회'를 소속 기관으로 두고 있지요. 국사편찬위원회뿐 아니라 장애인에게도 동등한 교육의 기회를 주기 위해 국립특수교육원이라는 기관도 만들어 놓았어요.

　교육부에서는 각 지역에 있는 교육청에서 학교를 잘 관리하고 있는지 감독하고, 교육청에서는 각 학교마다 바른 교육이 이루어지고 있는지 확인해요. 바른 교육이 이루어지기 위해서 선생님들을 교육시키는 일도 교육부에서 맡고 있지요.

　그런데 최근에는 똑같은 교육에 반대하는 '대안학교'들도 생겨나고 있어요. 교육부에서 세워놓은 교육 목표가 아닌, 학교마다 다른 교육 목표를 세우고 그 목표에 맞는 수업을 진행하지요.

조선시대 교육기관

현대 학교

청나라의 기술을 배워야 합니다

6 검서관, 박제가

1750 (영조 26년) ● 서얼의 신분으로 태어남

1767 ● 이덕무 유득공 등 서얼 출신 문인들과 함께 '백탑시파'라는 문학동인 모임을 만듦

1778 ● 이덕무와 함께 중국에 가서 중국 문물을 보고 온 뒤 ≪북학의≫를 씀

1790 ● 1년에 두 차례나 중국에 사절로 다녀옴

1801 ● 북경에 다녀옴
총 네 번 중국에 다녀오며 중국 문인과 다양한 시와 편지를 주고받음
노론 벽파의 미움을 받아 2년 7개월간 귀양살이를 함

1805 ● 사망

박제가 선생님의 바른말

농사를 지을 때 내가 중국에서 배워 온 열 가지 도구를 쓰게 된다면 그 이익이 열 배가 되고 나라 전체에 쓰면 이익이 백배가 되며, 도구를 사용한 지 10년이면 이익이 이루 다 쓸 수 없을 정도가 될 것이다.

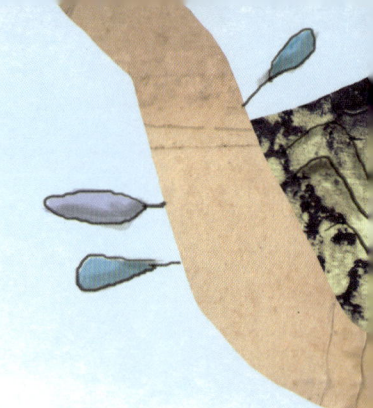

1 박제가와 그의 벗들

"부인, 미안하오. 오늘 동무들과 만나기로 한 날이라… 아무래도 나가 봐야겠소."

박제가가 부인에게 말했습니다. 부인에게 미안했는지 박제가는 하늘 높이 뜬 밝은 달만큼이나 빛나는 눈을 몇 번이나 껌뻑였지요. 박제가는 고개를 한번 꾸뻑 숙이고는 장인어른의 말을 빌려 타고 친구의 집으로 향했습니다.

친구의 집은 환한 대낮처럼 불이 밝혀져 있었습니다.

"으흠, 흠."

박제가가 문 앞에 서서 헛기침을 했습니다.

"아니 자네?"

집 안에 있던 친구들의 눈동자가 동시에 커졌습니다. 그도 그럴 것이

오늘은 박제가의 혼례 날이었습니다. 첫날밤에 부인을 홀로 두고 친구들을 만나러 나온 것이지요.

"자네들에게 내가 지은 시를 들려주고 싶어 말을 급하게 몰아서 왔다네."

멋쩍게 웃는 박제가의 얼굴에 쪼르르 땀방울이 떨어졌습니다.

방에 모여 있던 박제가의 친구들은 이덕무, 유득공, 이서구 등 서얼 친구들이었습니다.

"아무리 그래도 그렇지. 이 친구 참. 허허."

> **서얼** 조선 시대는 일부다처제로 한 남자가 여러 명의 부인을 둘 수 있었습니다. 아버지가 양반이더라도 정실부인이 아닌 부인에게서 난 자식은 '서얼'이라고 부르며 차별을 했습니다.

"들어보게. 서얼의 슬픔에 관한 시네."

친구들은 박제가의 시에 귀를 기울였습니다. 박제가가 천천히 시를 읊어나가자 눈물을 훔치는 친구도 있었습니다. 박제가가 시를 다 읊자 다들 고개를 끄덕였지요.

"혼례 첫날 달려오고 싶었던 이유가 있구먼. 이 좋은 시를 얼마나 들려주고 싶었겠는가."

이덕무가 높이 뜬 달처럼 환하게 웃으며 말했습니다.

얼마 뒤 유득공의 외삼촌인 유금은 이들의 시를 묶어 《한객건연집》이라는 책을 펴냈습니다. 이들의 글 솜씨는 순식간에 유명해졌습니다.

"이게 백탑파 사람들 시를 모은 것이라며?"

"그래, 백탑파 각자의 시나 글도 좋은데 이렇게 묶어 놓으니 정말 대단하구만."

한양 선비들이 삼삼오오 모인 자리에서는 백탑파 이야기가 빠지지 않았습니다.

"아니, 자꾸 다들 백탑파 백탑파, 그러는데 거 백탑파가 대체 뭐예유?"

시전에서 이야기하던 선비들 속으로 충청도에서 올라온 선비 한 사람이 불쑥 끼어들었습니다.

"말씨를 들어보니 한양 사람이 아니구먼."

"백탑파를 모르는 것을 보니 한양 사람이 아니지. 허허."

두 선비는 충청도에서 온 선비를 골리듯 웃었습니다.

"허참, 답답하구먼유, 어서 말해 주셔유."

"백탑파는 저기 백탑● 근처에 사는 선비 모임을 말하는 것이네. 박제가나 이덕무가 그 모임의 대표적인 인물들이지."

"에헤, 유득공을 빼면 섭하지 않나."

"허허 그래. 아무튼 그 사람들 글을 어찌나 잘 쓰는지 모르네. 하늘이 내려 준 솜씨야."

두 선비가 입에 침이 마르도록 칭찬을 했습니다.

"아하, 그렇구먼유. 그런 재주를 가졌으면 높은 벼슬에 오르겠네유."

"에끼! 모르는 소리 마시게. 그 사람들 대부분은 서얼이라 벼슬에 못 오른다네. 참 속상한 일이야."

"그러게 재주가 아깝네!"

선비들은 혀를 쯧쯧 차며 발길을 재촉했습니다.

선비들의 말처럼 박제가도 벼슬에 나가기 힘든 서얼 출신이었습니다. 박제가의 아버지는 우부승지 박평이었습니다. 승지는 꽤 높은 벼슬이었지만 박제가의 어머니는 아버지의 세 번째 부인이었습니다. 세 번째 부인에게서 난 박제가는 당연히 서얼이 되었고, 벼슬에 나갈 수 없었습니다.

백탑 백탑은 지금의 원각사지 10층 석탑을 부르던 옛말이에요. 이 백탑 근처에 살던 이덕무, 유득공, 서상수, 백동수, 박제가 홍대용, 박지원, 정철조, 이서구 등 많은 선비들이 함께 모여 글을 쓰고 이야기를 나누었어요.

2 벽돌과 수레 그리고 길

"박제가 있는가?"

박제가의 작은 집 앞에 버선발로 달려온 이덕무가 서 있었습니다.

"아니 이른 시간에 무슨 일인가?"

박제가가 얼른 뛰어나왔습니다.

"자네와 내가 북경에 가는 사람으로 선발되었다네! 우리를 좋게 본 채제공 어르신이 추천을 했다고 하네."

"뭐라고? 그게 정말인가?"

박제가와 이덕무가 한참을 기분 좋게 웃었습니다. 둘 다 버선발로 마당에 서 있다는 것도 잊을 정도였지요.

조선 시대에 북경까지 갔다 오려면 세 달이 넘게 걸렸습니다. 아주 길고 험한 여정이었습니다. 게다가 아무나 중국에 갈 수 있는 것도 아니었습니다. 나라에서 선발된 사람들만 중국에 가는 사신에 합류해서 함께 떠날 수 있었지요.

'내가 중국에 가다니. 게다가 나의 동무 이덕무와 함께 말이야.'

걷고 또 걸어야 하는 긴 여정도 박제가의 설레는 마음을 지치게 만들지 못했습니다.

"드디어 북경이네!"

박제가와 이덕무는 눈앞에 펼쳐진 광경을 믿지 못하겠다는 듯 눈을 여러 번 비볐습니다.

"아니, 튼튼한 집이 백 채, 아니 천 채는 세워져 있는 것 같네."

북경 시내에 세워진 벽돌집을 보던 박제가는 바닥에 주저앉고 말았습니다.

'이게 말로만 듣던 벽돌집이구나.'

박제가는 가만히 벽돌을 만져 보았습니다. 그러고는 얼른 벽돌 만드는 곳을 찾아가서 만드는 모습을 살펴보았지요.

"벽돌로 집을 만드니 튼튼하고 높이 쌓을 수 있구나. 고향에 있는 흙집은 발라서 만드는 데도 시간이 오래 걸릴 뿐 아니라, 쉬이 무너지는데 말이야…."

박제가의 말에 이덕무가 안타까워하며 말했습니다.

"그것뿐인가. 성도 다 돌로 만드니… 쌓는 데도 시간이 오래 걸리고 성 위에 작은 구멍을 내어 대포를 놓으니, 적이 가까이 다가오기 전에는 아무 쓸모가 없지 않나. 조선에서도 벽돌을 만들 게 되면 참 좋겠네."

 벽돌집에서 눈을 떼지 못하던 박제가는 얼른 종이를 꺼내 글을 썼습니다.

 어떤 사람은 벽돌의 견고함이 바위의 견고함에 미치지 못한다고 한다. 그렇지만 나는 이렇게 생각한다. 바위 한 개의 견고함은 벽돌 한 장보다 낫다. 그러나 바위를 쌓았을 때의 견고함은 벽돌을 쌓았을 때의 견고함에 미칠 수 없다. 바위는 잘 붙지 않지만 벽돌은 만 개의 벽돌도 회를 발라서 하나로 만들 수 있기 때문이다.

"조심하게!"

이덕무의 외침 뒤에 종소리가 나더니 무언가 쌩 하고 박제가의 옷깃을 스치고 지나갔습니다.

"아이고머니!"

박제가는 깜짝 놀라 엉덩방아를 찧고 말았습니다.

"괜찮은가?"

이덕무가 손을 내밀었습니다.

"괜찮네. 그런데 저게 무엇인가? 설마 저것이 수레인가?"

"그래, 이 사람아 수레가 지나간다고 종을 그렇게 울렸는데도 못 들었는가."

박제가는 멀리 먼지바람을 일으키고 사라지는 수레의 뒷모습에서 눈을 떼지 못했습니다. 수레에는 쌀이 다섯 가마나 올라가 있었습니다.

'조선에서는 사람이 물건을 지고 다니는데, 여기서는 저렇게 수레에 실어서 다니니 더 많은 물건을 옮길 수 있겠구나. 수레를 쓰면 더 많은 물건들을 자유롭게 사고팔 수 있겠어.'

박제가는 그 길로 수레를 만드는 곳을 찾아갔습니다.

조선 산골에 사는 사람은 배를 담가 식초를 만들고 그것을 소금과 메주 대용으로 사용하며, 새우젓과 조개젓을 보고는 이상한 것이라 여긴다. 그들이 이같이 가난한 까닭은 수레가 없기 때문이다.

전주에 사는 상인이 처자식을 이끌고 생강과 빗을 산 뒤 걸어서 신의주까지 가서 판다면 힘을 길에다 쏟고 식구들과의 즐거움을 누릴 기회도 없다.

큰 수레를 소 다섯 마리로 끌게 하면 소나 말 한 마리에 두 섬을 싣게 하는 것에 비해 3분의 1의 이익을 더 얻을 것이다. 중국의 수레 제도를 배우면 어떻겠는가?

꼼꼼하게 자신의 생각을 기록한 박제가는 중국의 발전된 모습을 더 보고 싶어 서둘러 발걸음을 옮겼습니다.

3 우리 백성들은 왜 가난한가?

　서자로 태어나 언제나 가난하게 살았고, 백성들의 가난한 모습만 봐 왔던 박제가는 중국 땅을 돌며 깜짝 놀랐습니다.
　'이곳에 사는 백성들은 가난하지 않구나.'
　친구가 집에 와도 물밖에 내어줄 게 없던 자신의 모습과 중국 사람들의 여유로운 모습은 비교가 되었습니다.
　'어떻게 사람들이 다 잘 산단 말인가.'
　박제가는 매의 눈으로 사람들의 모습을 관찰했습니다. 그리고 그 이유를 찾아 다시 글로 기록했습니다.

　비단옷을 입지 않으면 나라에 비단 짜는 사람이 없어지고, 옷 만드는 기술이 부족해진다. 찌그러진 그릇을 싫어하지 않고 물건 만드는 데 부리는 기교를 높이지 않는다면 나라 안에 수공업자와 도자기 굽는 기술자가 할 일이 없어져서 기술이 없어지게 된다.

 당시 조선에서는 절약하는 것을 좋게 생각하고 물건을 사는 것은 사치를 한다고 여겼습니다. 그래서 사람들은 되도록 적은 옷가지를 지니고 시장에서 물건을 마음껏 사지도 않았습니다. 거기에다 물건을 파는 상인들은 낮게 여겨 상업이 발전하지 못했습니다. 박제가는 이런 안타까운 모습을 얼른 기록해 둔 것입니다.
 박제가는 중국을 돌며 우리 백성들이 가난에서 벗어날 방법들을 찾아 계속 기록했습니다.

 우리는 나라가 작고 백성들은 가난하다. 이제는 밭 갈고 힘써 농사지을 수 있게 하며, 어진 인재를 기용하고 상인들이 유통하게 하며 수공업자들에게 혜택을 주어야 한다. 나라 안의 이로움을 다하더라도 오히려 충분하지 못할까 걱정이다.

 중국에서는 똥을 금처럼 아끼며 길에는 버려진 재가 없다. 길가에 사는 백성들은 날마다 광주리를 가지고 가래를 끌고 다니며 모래 속에서 말똥을 골라낸다. 거름으로 똥을 쓰니 길에서 악취가 나지 않고, 거름으로 땅이 좋아져 농사가 잘 된다.

  농사를 지을 때 내가 중국에서 배워온 열 가지 도구를 쓰게 된다면 그 이익이 열 배가 되고 나라 전체에 쓰면 이익이 백배가 되며, 도구를 사용한 지 10년이면 이익이 이루 다 쓸 수 없을 정도가 될 것이다.

"어허, 이 친구 며칠 째 종일 밖을 쏘다니더니 오늘은 방에서 나오질 않는구먼. 여보게 이제 조선으로 돌아가야 하네!"

  이덕무의 부름에 박제가는 쓰던 책을 얼른 품속에 넣었습니다. 아직 완성되지 않은 책을 품에 넣는 것만으로도 이미 부자가 된 것만 같았지요.

"가고 있네. 그만 재촉하게나. 허허."

4 오랑캐에게 뭘 배워!

중국에서 돌아온 박제가는 쓴 글을 모아 ≪북학의≫라는 책을 냈습니다. 북쪽의 좋은 점을 배워야 한다는 책이었지요. 이무렵 박제가에게 좋은 일이 또 생겼습니다. 새롭게 임금이 된 정조가 서얼도 관직에 오를 수 있도록 하는 법을 만든 것입니다. 덕분에 박제가와 친구들은 궁궐의 책을 관리하는 규장각 검서관의 관직을 얻을 수 있었습니다.

박제가와 친구들은 규장각에서 좋아하던 책을 마음껏 볼 수 있었습니다. 다양한 책을 읽으며 중국의 것을 배워야 한다는 생각은 더욱 확실해졌습니다.

"이 책에 담긴 중국의 신진 문물과 제도를 받아들이면 조선은 훨씬 좋은 나라가 될 것입니다."

박제가가 관직에 있는 양반에게 ≪북학의≫를 내밀었습니다.

"뭐? 오랑캐의 문물과 제도를 배운다고?"

양반은 책을 받지도 않고 박제가를 노려보았습니다.

"오랑캐라도 우리보다 좋은 기술과 제도가 있다면 배워야 하지 않겠습니까."

박제가가 지지 않고 말했습니다.

"박제가 자네가 중국에 다녀오더니 오랑캐가 다 되었군. 이 책은 읽지 않을 것이네. 가져가게."

벌써 여러 번 거절을 당한 박제가는 마음이 어두워졌습니다.

'어린아이에게도 배울 점이 있는데, 왜 오랑캐의 것이라면 다들 저렇게 싫어하는지. 좋은 것을 배우면 우리 조선이 더 부강한 나라가 될 수 있을 텐데….'

처음에는 관심을 갖고 ≪북학의≫를 펼쳐 보았던 양반들도 책을 던져 버리기 일쑤였습니다.

책에 양반도 농사를 짓고, 상업을 해야 하며, 시험을 봐서 능력이 없는 관리는 내쫓고 새로운 인물을 들여야 한다는 내용이 적혀 있었기 때문입니다.

"박제가 이놈 안 되겠구나. 양반을 무시하고, 오랑캐를 높이는 사람이야."

양반들은 박제가를 내쫓고 싶어 안달이 났습니다.

당시에 조선 양반들은 박제가의 책 제목처럼 '북학 북쪽에 있는 중국을 배우자'라는 생각이 아닌 '북벌 북쪽에 있는 중국을 치자'라는 생각을 가지고 있었습니다. 양반들의 생각에도 이유는 있었어요. 왜가 우리나라에 쳐들어왔었던 임진왜란 때, 중국을 지배하고 있던 명나라는 조선에 와서 우리를 도와주었어요. 하지만 그 전쟁으로 명나라의 힘이 약해졌고, 그 틈을 타 후금에 청나라이 명나라를 무너뜨리고 중국을 차지했기 때문이에요. 그 뒤로 조선 사람들은 청나라를 오랑캐라 부르며 무시했지요.

또한 병자호란• 때 우리나라를 짓밟은 원수라고 생각했습니다. 그 원수를 갚기 위해서라도 반드시 청나라를 치자는 것이었지요. 조선 양반들의 눈에 오랑캐 문화는 보잘것없고, 무엇 하나 배울 것이 없었습니다.

"지금 중국에 가 보세요. 우리나라보다 훨씬 발전했습니다. 배울 것은 배워야 합니다!"

박제가는 끊임없이 외쳤어요.

> **병자호란** 청나라의 태종은 조선이 청나라의 신하 나라가 되기를 요구하며 12만의 대군을 이끌고 쳐들어 왔어요. 이것을 병자호란이라고 해요.

5 시대를 앞선 바른말

"저놈은 서얼에다 자꾸 양반도 일을 해야 하네 마네 이런 얘기를 해서 눈엣가시란 말이야."

"그러게 말이야. 그래도 별 수 있나. 임금님이 좋아하시니 내쫓을 수도 없고."

"에잇, 쯧쯧!"

박제가가 지나가자 양반들이 수군거렸습니다.

박제가는 서얼이었고, 당시 조선 양반들과 다른 생각을 하는 사람이었지만 정조는 박제가의 넓은 생각과 글 솜씨를 아꼈습니다.

그러던 어느 날, 임금님이 돌아가셨다는 소식이 들려왔습니다.

"뭐라고? 임금님께서 승하하셨다고?"

박제가와 서얼 친구들은 한참동안 엎드려 눈물을 흘렸습니다. 정조는 서얼로 태어나 차별받던 이들을 관직에 나가게 해 주신 참 고마운 분이었습니다.

임금님을 잃은 슬픔에 잠겨 있을 때, 박제가에게 아픈 일이 또 생겼습니다. 박제가를 내쫓을 궁리를 하던 관리들이 박제가에게 누명을 씌워 함경도 종성으로 귀양을 보낸 것입니다.

박제가는 3년 6개월 동안 귀양지에서 글을 쓰고 책을 읽으며 보냈습니다. 결국 박제가의 죄는 무죄로 밝혀졌지만 모진 고문으로 박제가의 몸은 더 이상 힘을 내지 못했습니다. 결국 귀양지에서 돌아온 다음 해인 56세의 나이로 세상을 떠났습니다.

박제가는 세상을 떠났지만, 그에게 가르침을 받은 제자들은 그의 가르침대로 백성들이 편하게 살 수 있는 나라를 만들기 위해 고민했습니다. 또한 미래를 내다보았던 그의 통찰력을 닮기 위해 계속 공부했지요.

우물 안 개구리처럼 조선이라는 나라에 갇혀 발전하던 세계를 보지 못하던 사람들, 그 사람들을 향해 목소리를 내던 박제가의 뜻은 제자들을 통해 계속 전해졌습니다.

어떤 직업이에요?

Q 조선 시대에도 과학을 연구하는 기관이 있었나요?

조선 시대에 중요하게 생각했던 과학 분야는 바로 천문학이었어요. 농사가 주된 산업이었기 때문이죠. 농사를 잘 지으려면 언제 비가 오는지, 언제 서리가 내리는지 아는 것이 중요해요. 따라서 조선 조정에서는 '관상감'을 만들어 천문학을 연구하도록 했어요. 관상감은 지금으로 말하면 천문대와 기상청에 해당해요.

관상감에서는 천문학과 날씨를 연구하는 기기들도 많이 만들어졌어요. 우리가 잘 알고 있는 장영실도 관상감에서 일하며 혼천의, 앙부일구, 측우기 등을 만들었어요.

앙부일구

측우기

Q 현대에 새로운 과학 기술을 연구하는 공무원들도 있나요?

대한민국 정부에서는 과학기술정보통신부를 중앙행정기관●의 하나로 세워두었어요. 과학기술정보통신부를 중앙행정기관으로 세웠다는 건 과학, 기술, 정보, 통신 각 분야가 중요하기 때문이에요. 새로운 기술과 과학의 중요성은 1967년 과학기술처라는 중앙행정기관이 만들어진 뒤부터 과학기술부, 교육과학기술부, 미래창조과학부, 과학기술정보통신부로 계속 이어지고 있어요.

과학기술정보통신부에서는 과학기술에 관련된 정책을 만드는 일, 새로운 과학기술을 연구하고, 연구할 사람들을 양성하는 일, 방송 통신과 관련되어 전파를 관리하거나 통신 산업을 발전시키고 규제하는 일, 우편과 관련된 일 등을 담당하고 있어요.

특히 최근에는 4차 산업혁명으로 새로운 기술과 정보가 중요해지고 있어요. 과학기술정보통신부의 역할도 덩달아 커지게 되었지요.

우주선

> **중앙행정기관** 중앙행정기관은 지방에 국한되어 있는 행정기관이 아니라 나라 전체의 행정을 담당하는 기관이라는 뜻이에요.

7 사헌부 장령, 최익현

지금 우리 정치는 크게 네 가지 잘못을 하고 있습니다

- **1833** (순조 33년) ● 출생

- **1846** ● 이항로의 제자가 됨

- **1855** ● 과거에 급제함

- **1862** (철종 13년) ● 충청도 관찰사의 부당한 정치에 상소를 올렸다가 미움을 받게 되자 사직함

- **1868** (고종 5년) ● 경복궁 중건을 비판한 상소, 〈시폐사조소〉를 올림

- **1873** ● 흥선대원군을 하야시키라는 상소, 〈계유상소〉를 올림

- **1876** ● 일본과 맺은 강화도 조약을 반대하는 상소, 〈지부복궐척화의소〉를 올림

- **1905** ● 을사늑약에 항거한 상소, 〈청토오적소〉를 올림

- **1906** ● 73세의 최고령 의병이 되어 일본군과 싸움
  관군과 일본군의 공격으로 체포되어 쓰시마로 유배됨
  단식으로 저항하다 사망

최익현 선생님의 바른말

일본과 친하게 지내는 대신들이 조정을 손아귀에 넣고 마음대로 하고 있습니다. 그들을 내치지 않으면 큰일이 날 것입니다. 또 우리 관복을 서양식으로 바꾸는 것은 옳지 않습니다. 원래의 전통을 따른 의복을 입어야 합니다. 일본에서는 주상전하를 대군주라 부르게 합니다. 하지만 저는 끝까지 주상전하라 부르겠습니다.

1 스승을 만나다

"아유, 요놈은 범의 머리에 제비턱을 가졌구나. 귀하게 될 얼굴이로다!"

아이들과 놀고 있던 최익현에게 한 관상쟁이가 다가와 말했습니다.

"기남이로구나!"

관상쟁이는 허허 웃으며 재주가 뛰어난 남자를 뜻하는 '기남'이라며 익현을 추켜세웠지요.

"하하하, 기남? 얘들아 익현이더러 기남이래!"

뜻을 모르는 아이들은 그저 익현을 놀려댔습니다. 어린 익현은 관상쟁이가 알려준 뜻 때문인지 기남이라는 새 별명이 마음에 들었습니다. 그

> **관상쟁이** 얼굴을 보고 점을 치던 사람을 말해요.

후로부터 어린 시절 익현은 이름대신 기남이라고 불렸습니다. 익현의 부모님도 익현이 뛰어나게 크길 바라며 이름대신 기남이라 불렀지요.

"기남아! 밥 먹어라."

온종일 밭에서 일한 어머니가 소담스레 얹은 꽁보리밥을 들여왔습니다. 익현과 익현의 형은 김치와 꽁보리뿐인 밥상에도 밥을 꿀떡꿀떡 잘도 넘겼습니다.

"어서 자라서 다시 우리 집을 일으켜야 한다. 꿀떡꿀떡 밥 넘기듯 책장도 잘 넘기고."

어머니는 두 아들을 흐뭇하게 바라보며 말했습니다.

익현의 집에는 오랫동안 벼슬을 한 사람이 없었습니다. 양반이었지만 누구도 벼슬을 하지 못하니 자연스럽게 가난해졌습니다.

그러던 중에 부모님은 익현이 공부에 재능이 있다는 것을 알았습니다. 부모님은 익현을 교육시켜서 과거 시험을 보게 하자는데 뜻을 모았습니다.

때마침 이항로라는 선비가 경기도 양근에 살고 있다는 소식을 들려왔습니다. 부모님은 익현을 데리고 얼른 이항로의 집으로 갔습니다.

이항로는 양근에 오기 전에 뛰어난 실력으로 조선 조정에서 인정받는 관리였습니다. 하지만 조정의 잘못된 점에 항의하는 상소문•을 올렸다가 조정을 떠나 지방으로 내려가라는 명령을 받았습니다.

당시에 조선의 왕은 고종이었습니다. 그러나 고종의 아버지인 흥선대원군이 정치를 하고 있었지요. 이항로가 올렸던 상소*는 고종의 아버지인 흥선대원군이 정치를 좌지우지하는 것에 반대하는 내용이었습니다. 상소문은 읽고 화가 난 대원군이 이항로를 궁에서 내쫓았습니다. 이항로는 그 뒤로 벼슬길에 나가지 않고 학생들을 가르치고 있었습니다.

익현의 아버지가 이항로의 집 앞에 섰습니다.

"선생님, 제 아들을 받아 주십시오."

익현의 아버지가 어린 익현의 등을 밀었습니다. 빼빼 마른 아이 한 명이 아버지 앞으로 툭 튀어나왔습니다.

"흠, 몸은 여리여리하지만 얼굴은 단단하고 기상이 있구나. 오늘부터 같이 공부해 보겠느냐?"

"네, 스승님!"

스승은 몸처럼 단단한 익현의 목소리에 큰 소리로 웃으며 익현을 제자로 받아주었습니다. 익현의 나이 14살 때였습니다.

상소문 상소문은 조선 시대에 왕에게 신하가 올리던 글을 말합니다. 주로 백성들의 일이나 신하들의 잘못, 임금의 잘못까지도 상소문에 적어 올렸지요.

이항로가 쓴 상소문 흥선대원군은 영조의 증손인 남연군의 넷째 아들이었어요. 철종이 갑자기 승하했을 때 왕위를 이어받을 아들이 없자 왕가의 큰 어른이라는 특권으로 흥선군의 둘째 아들을 왕으로 지명했어요. 하지만 고종이 어려 흥선대원군이 대신 왕처럼 정치를 했지요. 흥선대원군은 고종이 큰 뒤에도 좀처럼 아들에게 왕위를 물려주지 않고 계속 대리청정을 했어요. 이항로는 이것에 반대하는 상소를 썼어요.

"익현아, 내가 오늘은 너의 호를 지어왔다."

어느 날, 이항로가 익현에게 종이 한 장을 내밀었습니다.

"힘쓸 면에 암자 암, 면암이네요?"

"그래, 벼슬을 하려고 애쓰는 사람은 수없이 많다. 하지만 너는 벼슬길에 오르는 것에 뜻을 세우지 말거라. 한평생 암자에 들어앉아 공부하는 수도승처럼 힘써 공부하도록 해라. 공부는 벼슬을 위해 하는 것이 아니다."

"네, 명심하겠습니다."

이때부터 최익현의 이름 앞에는 면암이라는 호가 붙었습니다. 힘써 공부하는 모습과 그의 호가 딱 맞았지요.

스승의 말대로 힘써 공부한 끝에 최익현은 어린 나이에 과거시험에서 장원급제를 했습니다. 장원급제를 한 최익현이 스승의 집으로 한달음에 달려왔습니다.

"스승님, 제가 과거시험에서 장원급제를 했습니다. 다 스승님의 가르침 덕분입니다."

과거시험에서 단번에 1등을 했는데도 조금도 흥분하거나 흐트러짐이 없는 모습이었습니다.

그 모습에 스승인 이항로도 점잖게 답했습니다.

"과거에 급제한 것으로 이제 출세했다 생각하지 말거라. 앞으로는 부모에게

호 '호'는 또 다른 이름으로, 원래 이름보다 자신을 더 잘 나타내는 말입니다. 우리가 잘 아는 정약용 선생님은 '다산'이라는 호가 김구 선생님은 '백범'이라는 호가 있었지요.

효도하던 마음으로 임금에게 충성해야 한다. 너는 비상한 머리와 실력, 뚝심을 가지고 있으니 나중에 재상도 될 수 있다. 하지만 벼슬이 올라갈수록 콧대가 높아져서는 안 된다. 높이 올라갈수록 더욱더 책을 열심히 읽으며 마음을 닦도록 해라."

최익현은 스승의 말을 마음에 담고 또 담았습니다.

2 바른말쟁이 최익현

　스승의 말대로 최익현은 관직에 오르자마자 계속 승진을 했습니다.

　벼슬이 계속 높아져도 최익현은 변하지 않았습니다. 스승의 가르침대로 정직하게 학문을 익히고, 익힌 학문을 써서 나라에 도움이 되도록 했지요.

　벼슬이 높은 사람에게도 절대 굽실거리지 않았습니다. 벼슬이 낮은 사람을 무시하지도 않았습니다.

　최익현이 묘지를 관리하는 수봉관 일을 맡았을 때였습니다. 최익현의 단호한 목소리가 관청 밖으로 새어나왔습니다.

　"이곳은 나라의 땅입니다. 여기에 다른 사람의 묘를 쓰면 어떡합니까? 얼른 다른 곳으로 옮기세요!"

　최익현이 한 양반을 꾸짖었습니다. 그러자 양반은 예조판서의 편지를 내밀었습니다.

"수봉관 나리, 여기 예조판서의 편지를 보십시오. 여기에 묘를 쓰라고 허락해 주셨습니다."

최익현은 한숨을 쉬더니 밖으로 나갔습니다. 묘를 쓴 사람은 예조판서의 편지를 보여 주었으니 이제 마음을 놓아도 되겠다고 생각했지요.

"쾅쾅!"

최익현은 곧바로 형조를 찾아갔습니다. 형조는 지금의 경찰서 같은 곳입니다.

"마음대로 묘를 쓴 이가 있으니 어서 잡아 가두시오."

그러고는 다시 발걸음을 재촉했습니다.

"쾅쾅!"

이번에는 예조의 문을 두드렸습니다.

"예조 판서 어르신 나라의 땅을 어찌 개인이 쓰도록 허락하셨단 말입니다. 말이 되지 않습니다. 방금 형조에 연락해 그 자를 가두라 했습니다. 어르신도 다시 생각해 주십시오."

나이가 지긋한 예조판서는 새파랗게 젊은 최익현의 행동이 괘씸했습니다. 하지만 또박또박 바른말을 하는 최익현에게 할 말이 없었습니다.

어디에선가 최익현이 내는 큰 소리가 들리면 불의한 것에 항의한 경우가 대부분이었습니다. 이렇게 바른말을 하고 다니자 지위가 높은 사람들의 눈엣가시가 되기도 했습니다. 사람들은 최익현의 없는 흠을 만들어서 이야기하기도 하고, 최익현의 관직이 높아지지 못하게 뒤에서 점수를 깎기도 했습니다.

'조선을 책임지고 있는 관리들이 이렇게 비겁하다니. 조정에 있는 사람들 중 깨끗한 사람이 없구나.'

마음이 상한 최익현은 벼슬을 내려놓고 고향으로 돌아와 버렸습니다. 집에 돌아와 농사를 짓고 있는 최익현에게 한 통의 편지가 왔습니다. 스승인 이항로에게 온 것이었습니다.

'늙은 부모를 봉양하고 어린 자식들도 가르쳐야 하는데 관직 내놓는 일을 당당하게 했다니 대단하구나. 글을 헛되이 읽지 않았다. 잘했다. 부정부패를 보고도 눈감는다면 자네도 그와 똑같은 무리가 되고 마는 것이야.'

스승은 최익현의 행동을 칭찬해 주었습니다. '벼슬'을 위해 살지 말라던 가르침을 잘 따르고 있다고 생각했기 때문입니다.

고향에 돌아오고 얼마 안 되어 최익현의 어머니와 아들이 죽고 말았습니다. 슬픔 속에 빠져 있을 때 스승으로부터 한 통의 편지가 도착했습니다. 최익현은 자신을 위로하는 편지인 줄 알고 힘을 내어 편지를 열었습니다.

'스승님이 돌아가셨습니다.'

편지에는 스승의 부고가 적혀 있었습니다. 또 한 번의 슬픔이 최익현을 덮쳤습니다. 최익현은 움직이지 못한 채 그 자리에서 펑펑 울었습니다. 스승을 존경하고 사랑했던 마음들이 눈물로 쏟아져 나왔습니다.

3 상소를 올립니다

최익현은 한꺼번에 많은 사람들을 잃었습니다. 힘든 시간을 보내는 중에 어머니의 삼년상•도 치렀지요. 최익현은 삼 년 동안 어머니의 무덤을 외롭게 지켰습니다.

삼 년 후 최익현은 다시 서울로 돌아왔습니다. 서울로 돌아오자마자 사헌부의 장령에 임명된 것을 알았습니다. 사헌부는 관리들의 부정부패•를 감독하는 곳이었습니다. 관리들의 잘못을 고발해야 했기 때문에 청렴한

삼년상 부모가 돌아가셨을 때 무덤 앞에 초막을 짓고 삼 년 동안 사는 것을 말해요. 마지막까지 효도를 한다는 의미였지요.
부정부패 바르지 못하고 부패한 것을 말해요. 정치인들이 돈을 받고 누군가의 편의를 봐 주거나, 나랏돈을 빼돌리는 일 등 아직도 우리 주변에 부정부패가 많이 남아 있어요.

사람들이 주로 사헌부의 관리가 되었지요.

'나에게 딱 맞는 직책이 주어졌구나. 이제 더 이상 슬픔에 빠져 있지 말고, 백성들을 위해 일해 보자. 권력에 아부하며 자신의 이익만을 쫓는 관리들을 쫓아 버려야지. 깨끗한 나라를 만들기 위해, 백성들이 살기 좋은 나라를 만들기 위해 최선을 다해야겠다.'

최익현은 사헌부에 들어가자마자 잘못된 점을 찾기 시작했습니다. 아니 찾기도 전에 그의 눈에 온갖 잘못된 일들이 보이기 시작했습니다.

최익현의 눈에 가장 먼저 띈 것은 잘 먹지 못해 마른 사람들이 커다란 돌을 나르거나 나무를 깎는 모습이었습니다.

"이보게, 경복궁은 이미 다 지어지지 않았는가. 그런데 왜 아직도 사람들이 공사를 해야 하는가."

최익현이 사헌부 관리에게 물었습니다.

"경복궁의 근정전을 다 지으면 이번에는 경회루를 다시 만들라 하고, 다 지으면 또 다시 6조의 건물을 지어라, 남대문과 동대문을 수리해라, 이러니 백성들이 쉴 틈이 있겠는가."

관리는 답답해하며 말했습니다.

"그런데 왜 상소를 올리지 않는가?"

"지금 대원군은 누구도 막을 수 없네. 지금 왕인 고종은 대원군의 꼭두

각시에 불과하지. 그런 대원군의 명령인데 누가 바른말을 할 수 있겠는가. 상소라도 올렸다가는 바로 관직을 빼앗기거나 귀양을 가게 될 걸세. 또 불탄 경복궁을 다시 짓는다는 것은 조선 왕조의 기틀을 다시 세운다는 좋은 명분이 있으니 막지 못하겠네."

"아휴, 답답한 사람. 조선 왕조의 기틀은 우리 백성이 아닌가. 그들이 힘들어하면 그만해야지."

최익현이 가슴을 치며 말했습니다.

그 뒤로 최익현은 공사를 멈추기 위해 흥선대원군이 잘못한 증거들을 모으기 시작했습니다. 최익현이 조사하기 시작하자 끝도 없이 부패한 모습들이 쏟아져 나오기 시작했습니다. 자료를 모은 최익현은 상소를 썼습니다.

〈시폐사조소 우리 시대의 가장 큰 네 가지 잘못〉

지금 우리 정치는 크게 네 가지 잘못을 하고 있습니다. 그 네 가지 잘못을 바로잡아야 백성들이 살기 좋은 나라로 바뀔 것입니다.

첫째, 경복궁 공사하는 것을 멈춰야 합니다.

   백성들이 농사철에 공사에 동원되어 농사를 제대로 짓지 못하고 있습니다. 게다가 일을 한 임금도 제대로 주지 않아 백성들은 굶는 것이 태반입니다.

둘째, 마음대로 세금 걷는 것을 멈춰야 합니다.

백성들의 땅에서 자란 나무를 마음대로 베어 쓰고 대가를 제대로 주지 않고 있습니다. 또 경복궁을 짓느라 농사를 짓지 못한 백성들에게도 무자비하게 세금을 거둬들여서 백성들은 점점 가난해 지고 있습니다.

셋째, 당백전을 없애야 합니다.

경복궁 공사를 하며 돈이 부족하자 당백전이라는 새 돈을 만든 건 잘못하신 일입니다. 일반 엽전보다 비싼 당백전이 생겨서 물가가 너무 올랐습니다. 때문에 돈이 없는 백성들은 이제 시장에서 아무것도 살 수 없게 되었습니다. 또 당백전을 많이 가지고 있는 사람은 벼슬을 마음대로 사기도 하고, 돈으로 뭐든 해결하려 합니다.

넷째, 사대문세를 없애야 합니다.

홍인지문 동대문 돈의문 서대문 숭례문 남대문 숙정문을 지날 때마다 세금을 걷으니, 장사를 하러 한양에 오는 사람들도 세금이 무서워 지나다니지 못하고 있습니다.

대원군은 외국의 군대가 틈틈이 우리나라를 노리자, 궁궐의 모습을 거창하게 만들어서 조선을 함부로 대하지 못하도록 해야 한다고 생각하고 있었습니다. 궁궐을 거창하게 짓느라 돈이 필요해지자 당백전을 만들기도 하고, 세금을 올리기도 했지요.

최익현은 모든 문제가 대원군의 정치에서 나온다고 생각했습니다. 특히 경복궁을 지으며 백성들에게 많은 피해를 주었다고 주장했지요. 나라를 바르게 세우고 강하게 만들려면 먼저 백성들을 살기 편하게 만들어줘야 한다고 생각한 것입니다.

"최익현이 이번에 상소를 올렸다는 소식 들었는가?"

"최익현의 상소대로 된다면 이제 대원군은 내려올 때가 된 것 같네."

최익현이 대원군을 향해 상소를 올렸다는 소문이 궁에 파다하게 났습니다.

"들었네. 대단한 사람이야. 나도 상소를 써야겠군."

최익현이 상소를 쓴 후로 다른 관리들도 고종에게 상소를 올리기 시작했습니다. 사람들은 최익현 덕분에 왕에게 바른말을 올릴 수 있게 되었다며 좋아했습니다.

그 뒤로도 최익현은 여러 번의 상소문을 올렸습니다. 상소문 때문에 관직에서 물러나야 할 때도 있었고, 고향으로 내려가야 할 때도 있었습니다. 하지만 최익현의 상소 덕분에 10년 동안 집권했던 대원군이 물러나고 고종이 정치를 할 수 있게 되었습니다. 또 최익현이 제주도로 유배 갔을 때 당백전 원납전이 없어졌습니다.

4 도끼를 들고 올린 상소

고종 13년 1월, 일본 군함이 강화도 앞바다로 들어왔습니다. 그러고는 예전처럼 조선과 조약을 맺고 개항하고 싶다고 했습니다. 얼핏 보기에는 아무렇지 않아 보이지만 일본에는 꿍꿍이가 있었습니다.

당시는 강대국이 약소국에 들어가 위협한 뒤에 조약을 맺어 식민지로 만드는 것이 유행처럼 번지고 있었습니다. 일본도 마찬가지였습니다. 먼저 서양 문물을 받아들여 신식 무기로 무장한 일본은 조선을 먼저 정복한 뒤에 조선 땅을 지나 중국까지 점령할 생각이었던 것입니다. 일본과는 반대로 서양의 문물을 받아들이지 않았던 조선은 일본을 이길만한 무기도 군사도 없었습니다.

최익현은 일본의 욕심을 알아차렸습니다. 그래서 일본에 개항할 수 없다는 이유를 들어 상소를 올렸습니다.

"전하, 소인 죽음을 무릅쓰고 일본과의 개항에 반대하는 상소를 올립니다. 부디 통촉하여 주옵소서."

첫째, 우리 힘은 약하고 일본 군대는 강합니다. 따라서 일본은 군대로 우리를 위협하며 자신들이 필요한 것을 끊임없이 요구할 것입니다.

둘째, 조선이 수출할 수 있는 것은 농산물뿐입니다. 하지만 농산물은 1년에 한두 번밖에 나지 않습니다. 일본은 공장에서 무한하게 만들 수 있는 물건들을 우리 조선에 팔 것인데 그렇게 된다면 우리 경제는 금세 어려워질 것입니다.

셋째, 일본은 서양 오랑캐와 같습니다. 서양의 문화가 일본을 통해 들어오면 우리의 전통이 모두 무너질 것입니다.

넷째, 일본이 우리 땅에 들어와 살면 우리의 재물과 부녀자들을 약탈할 것입니다.

다섯째, 일본은 재물과 여자만 좋아하는 동물과 같습니다. 그러므로 저들과 어울릴 수 없습니다.

강화도조약 조선과 조약을 맺고 싶었던 일본은 운요호라는 배를 타고 강화도로 들어왔어요. 아무 표시도 없는 배가 들어와 상륙하려고 하자 조선에서는 당연히 대포를 쏘았지요. 일본군도 조선군을 향해 신식 총을 쏘고 강화도로 들어와 물건을 훔치고 돌아갔어요. 하지만 일본은 평화적으로 조선에 들어온 자신들의 배를 쏘았다며 엄청난 금액의 피해보상을 요구했어요.

최익현은 상소를 올리자마자 감옥에 갇혔습니다. 감옥에 있던 최익현은 다시 흑산도로 귀양을 가게 되었습니다. 흑산도로 귀양을 떠나며 일본과 조선의 강화도조약˙이 체결되었다는 소식을 들었습니다. 꼿꼿하게 앉아 한숨을 쉬던 최익현의 눈에서 눈물이 흘러나왔습니다. 슬픔은 점점 통곡으로 변했습니다.

5 항일 의병 운동

최익현은 유배지에서 3년 뒤에 풀려나 고향으로 돌아왔습니다.

"금강산이나 한번 다녀와야겠다."

최익현은 유배지에서 쓸쓸하게 보냈던 아픔을 툭툭 털어 버리려는지 금강산으로 향했습니다. 금강산에 다녀온 뒤에는 여러 학자들과 편지를 주고받으며 시간을 보냈습니다.

최익현이 조용히 혼자만의 시간을 보내는 동안에도 조선은 점점 주변의 나라들에게 위협을 당했습니다.

'이제 내 뒤에 남아 있는 후배들이 문제를 해결하겠지. 이 늙은이가 할 수 있는 건 이제 없겠지.'

최익현은 하고 싶은 말들을 계속 마음에 눌러 담았습니다. 눌러 담은 바른말들이 꾸덕꾸덕하게 말라붙기를 기다렸지만 나라를 사랑하는 그의 마음은 쉬이 잠재울 수 없었습니다.

최익현은 긴 침묵을 깨고 다시 상소를 올렸습니다.

일본과 친하게 지내는 대신들이 조정을 손아귀에 넣고 마음대로 하고 있습니다. 그들을 내치지 않으면 큰일이 날 것입니다. 또 우리 관복을 서양식으로 바꾸는 것은 옳지 않습니다. 원래의 전통을 따른 의복을 입어야 합니다.

일본에서는 주상전하를 대군주라 부르게 합니다. 하지만 저는 끝까지 주상전하라 부르겠습니다.

고종은 최익현이 올린 상소를 몰래 감췄습니다.

그 뒤로 조선에는 슬픈 일들이 연달아 일어났습니다. 조선의 국모인 명성황후를 일본 깡패들이 죽이는 사건이 일어났고, 상투를 잘라 버리고 서양인들처럼 머리를 자르라는 명령이 내려왔습니다. 일본은 가장 먼저 고종의 머리카락을 잘랐습니다. 그러자 조선의 양반들과 농민들까지 들고 일어났습니다.

"이제 상소로만 해결 할 수 없다."

최익현은 더 이상 가만히 있을 수 없었습니다. 고종은 그 뒤로 여러 벼슬을 내리며 최익현을 다시 궁으로 불렀습니다. 하지만 최익현은 벼슬에 나아가는 대신 고종 임금에게 상소를 남겼습니다.

〈시무12조〉

1. 신하들과 함께 공부하는 시간을 가지소서

2. 음식을 함부로 들어 건강을 해치지 마소서

3. 사사로이 모시는 이를 멀리하소서

4. 물건을 아껴 쓰는 모범을 보이소서

5. 대신들을 잘 감독하여 이들이 자기 일을 열심히 하게 하소서

6. 상벌을 확실히 하여 기강을 세우소서

7. 만민공동회를 혁파하여 변란의 조짐을 막으소서

8. 부모의 상중에 있는 관리는 기용을 금하여 효를 다하게 하소서

9. 황실에서 쓰는 모든 돈을 절약하소서

10. 군사들을 잘 훈련시키고 군법을 엄히 하소서

11. 국가의 원수와 역적은 벌을 주어 대의를 밝히소서

12. 중국이나 일본에 의존하려는 이를 경계하소서

고종은 상소를 읽고 그의 마음을 느꼈습니다. 하지만 이제 고종이 할 수 있는 것은 없었습니다. 1905년 10월 을사늑약이 체결됨으로써 조선이 일본의 식민지가 되었기 때문입니다.

"애통하다. 내 나라를 저 오랑캐들에게 빼앗기다니."

최익현은 가슴을 치며 눈물을 흘렸습니다.

"이제 내 목숨은 나의 것이 아니라 조선의 것이다. 나라를 찾을 때까지

싸우겠다. 나와 함께, 아니 조선과 함께 할 사람들은 나를 따르라."

최익현의 말에 400명 정도의 사람들이 모였습니다. 그리고 일본군과 처절한 전투를 이어갔습니다. 무기와 군인 수에서 누가 봐도 질 것 같았지만 최익현은 전쟁을 계속했습니다.

"성공하지 못해도 괜찮다. 언젠가 누군가는 나라를 되찾을 것이다. 그때 우리 조상들이 싸웠다는 것을 알려 주고 싶다. 그것이면 된다. 내 목숨은 하나도 아깝지 않다."

결국 최익현은 일본군에게 체포되어 대마도로 유배를 떠났습니다. 대마도에 도착한 최익현은 일본에서 난 쌀과 물은 입에도 대지 않았습니다. 누군가 부산에서 가져온 쌀을 내밀었을 때서야 밥을 한 술 떴지만 이미 그의 몸은 지칠 대로 지쳐 있었습니다.

평생 바른말을 임금에게 올렸고, 다 늙어서는 직접 몸으로 저항하며 살아온 인생은 대마도 유배지에서 막을 내렸습니다.

최익현의 바람대로 우리는 독립했고, 그의 저항과 독립운동을 기억하며 1962년 건국훈장이 내려졌습니다. 그리고 우리는 여전히 그의 바른말과 바른 행동을 기억하며 그의 73년 인생을, 우리의 역사로 여기고 자랑스러워하고 있습니다.

어떤 직업이에요?

Q 조선 시대에도 왕 마음대로 할 수 없었어요?

조선 시대에도 모든 일을 왕 혼자 결정할 수 없었어요. 왕의 뜻이 백성의 뜻과 맞지 않을 때는 신하들이 임금에게 상소를 올리기도 하고, 지금의 '데모'처럼 대궐문 앞에 엎드려 허락해 달라고 요청하기도 했지요. 이런 일을 하기 위해 만들어진 기관이 바로 '삼사'예요.

삼사는 사헌부, 사간원, 홍문관 세 기관을 합쳐서 부르는 말이었어요. 사헌부는 주로 관리들의 자격을 심사하고, 왕이 낸 법률안이 맞지 않다 생각할 때 거부 의견을 냈어요. 사간원은 왕의 행실이나 신하들의 잘못을 지적해 꾸짖거나 왕이 관리를 선발할 때, 자격이 없다고 생각하는 사람들에게 거부권을 써서 등용되지 못하도록 할 수 있었어요. 홍문관은 왕에게 여러 자문을 줄 수 있는 기관이었어요.

삼사는 주로 왕이나 관료들을 감시하고 비판하는 역할을 했기 때문에 사람들이 피할 것 같지만, 조선 시대 사람들은 삼사에서 관직생활 하는 것을 명예롭게 여겼다고 해요. 삼사가 올바른 뜻에 힘을 모으고, 바른 비판을 했을 때 조선은 튼튼한 나라로 세워져갔고, 그렇지 못했을 때 나라가 혼란스러웠어요.

Q 지금도 삼사 같은 기관이 있나요?

우리나라는 입법부, 사법부, 행정부 이렇게 국가 권력을 나누어 놓았어요. 행정부(정부)에서는 세금을 걷고, 나라의 살림을 책임지고 있어요. 이 역할을 잘하고 있는지 감시하는 것이 바로 입법부(국회)와 사법부(법원)이에요. 국회에서는 국민이 뽑은 국회의원들이 법을 만들어요. 법원은 국회에서 만든 법에 따라 판결을 내리지요. 이렇게 세 기관이 균형이 이루어졌을 때 바른 민주주의가 세워질 수 있어요.

정부

국회

법원